Hanna Falkenstein

Lernwerkstatt Haustiere

Die Autorin

Hanna Falkenstein ist Kulturwissenschaftlerin und Autorin für Unterrichtsmaterialien.

Unter Mitarbeit von Gerd Wilke.

3. Auflage 2021
© 2015 PERSEN Verlag, Hamburg

AAP Lehrerwelt GmbH
Veritaskai 3
21079 Hamburg
Telefon: +49 (0) 40325083-040
E-Mail: info@lehrerwelt.de
Geschäftsführung: Christian Glaser
USt-ID: DE 173 77 61 42
Register: AG Hamburg HRB/126335
Alle Rechte vorbehalten.

Das Werk als Ganzes sowie in seinen Teilen unterliegt dem deutschen Urheberrecht. Der Erwerber einer Einzellizenz des Werkes ist berechtigt, das Werk als Ganzes oder in seinen Teilen für den eigenen Gebrauch und den Einsatz im eigenen Präsenz- wie auch dem Distanzunterricht zu nutzen.
Produkte, die aufgrund ihres Bestimmungszweckes zur Vervielfältigung und Weitergabe zu Unterrichtszwecken gedacht sind (insbesondere Kopiervorlagen und Arbeitsblätter) dürfen zu Unterrichtszwecken vervielfältigt und weitergeben werden.

Die Nutzung ist nur für den genannten Zweck gestattet, nicht jedoch für einen schulweiten Einsatz und Gebrauch, für die Weiterleitung an Dritte einschließlich weiterer Lehrkräfte, für die Veröffentlichung im Internet oder in (Schul-)Intranets oder einen weiteren kommerziellen Gebrauchs.
Mit dem Kauf einer Schullizenz ist die Schule berechtigt, die Inhalte durch alle Lehrkräfte des Kollegiums der erwerbenden Schule, sowie durch die SchülerInnen und Schüler der Schule und deren Eltern zu nutzen.

Nicht erlaubt ist die Weiterleitung der Inhalte an Lehrkräfte, Schülerinnen und Schüler, Eltern, andere Personen, soziale Netzwerke, Downloaddienste oder ähnliches außerhalb der eigenen Schule.
Eine über den genannten Zweck hinausgehende Nutzung bedarf in jedem Fall der vorherigen schriftlichen Zustimmung des Verlags.
Sind Internetadressen in diesem Werk angegeben, wurden diese vom Verlag sorgfältig geprüft. Da wir auf die externen Seiten weder inhaltliche noch gestalterische Einflussmöglichkeiten haben, können wir nicht garantieren, dass die Inhalte zu einem späteren Zeitpunkt noch dieselben sind wie zum Zeitpunkt der Drucklegung. Der PERSEN Verlag übernimmt deshalb keine Gewähr für die Aktualität und den Inhalt dieser Internetseiten oder solcher, die mit ihnen verlinkt sind, und schließt jegliche Haftung aus.

Wir verwenden in unseren Werken eine genderneutrale Sprache. Wenn keine neutrale Formulierung möglich ist, nennen wir die weibliche und die männliche Form. In Fällen, in denen wir auf Grund einer besseren Lesbarkeit nur ein Geschlecht nennen können, achten wir darauf den unterschiedlichen Geschlechtsidentitäten gleichermaßen gerecht zu werden.

AutorIn:	Hanna Falkenstein
Covergestaltung:	TSA&B Werbeagentur GmbH, Hamburg
Illustrationen:	Barbara Gerth – sowie: Wibke Brandes (Rahmen); Marion El-Khalafawi (Lustige Tiernamen); Julia Flasche (Blanko-Uhr, Häschen auf Zahlenstrahl, Katz- und Maus-Spiel, Schildkröte; Katze, kuschelig, Kitty); Fides Friedeberg (Welpe); Anke Fröhlich (Tierorchester); Alexandra Hanneforth (Tierbuch); Oliver Wetterauer (Filmrolle); Katharina Reichert-Scarborough (The mouse is grey)
Satz:	Satzpunkt Ursula Ewert GmbH, Bayreuth
Druck und Bindung:	SDK Systemdruck GmbH, Köln

ISBN: 978-3-403-23543-9
www.persen.de

Inhalt

Vorwort 5

Hinweise zum Umgang mit den Materialien 6

Einsatzmöglichkeiten nach Klassenstufen 9

Konzentration/Spiele

Wer gehört zusammen? 12

Wer gehört zusammen? 14

Chaos in der Tierhandlung 16

Welches Haustier bin ich? 18

Was gehört zu welchem Tier? 19

Katze, Kitty, kuschelig 20

Deutsch

Haustier-Logical 21

Haustier-Kreuzworträtsel 22

Haustier-Suchsel 23

Herr Grumbel sucht seinen Hund 24

Spenden für Mimmi 25

Waldi von Grünhausen 26

Lustige Tier-na-men 27

Der Dachshund und die Farbmaus 28

Haustier-Elfchen 29

Berühmte Haustiere 30

Haustierwörter 31

Frau Spinnenbein hat viel zu tun 32

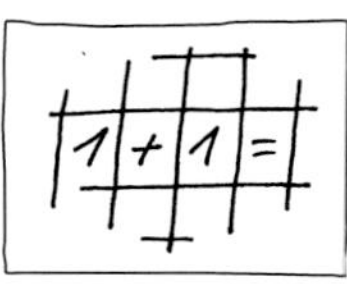

Mathematik

Puzzlerechnungen 33

Rechengeschichten 34

Häschen auf dem Zahlenstrahl 35

Hamster-Labyrinth 36

Wann gehen wir endlich Gassi? 37

Wo sitzen Schildi und ihre Freunde? 38

Sachunterricht

Die Geschichte unserer Haustiere 39

Kennst du uns? 41

Haustier-Steckbrief 42

Kleine Tier-Experten 44

- Farbmaus 45
- Ziege 45
- Riesenhamsterratte 46
- Guppy 46
- Sumpfschildkröte 47
- Achatschnecke 47
- Steckbriefvorlage 51

Haustier-Infoplakat 52

Lilli hat Kätzchen! 53

Polizeihund Heinz und Minensucher Fritz. . . . 54

Haltung von Haustieren 55

Kunst

Meine Flugkatze und deine Glitzermaus 56

Haustier-Spielzeuge selber basteln 57

Unsere Geburtstags-Schlange 61

© Persen Verlag

Musik

Das Tierorchester 62

Das Haustierlied 63

Englisch

Our pets 64

The mouse is grey 65

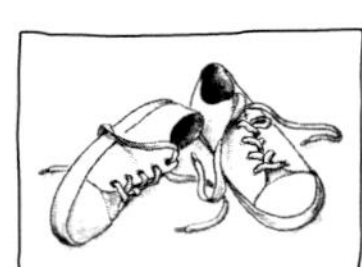

Sport

Tierlauf 66

Katz und Maus 67

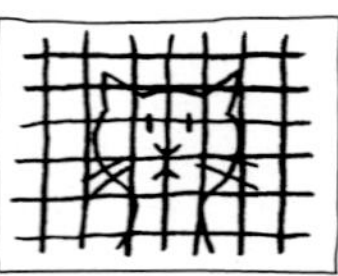

Ethik

Minka und Frau Müller 68

Der Welpe ist da! 69

Mit Haustieren richtig umgehen 71

Im Tierheim 73

Selbsttest: Welcher Haustiertyp bin ich? 74

Lösungen 77

Text- und Bildverzeichnis 87

© Persen Verlag

Vorwort

Das Thema Haustiere ist bei Kindern sehr beliebt, viele haben selbst ein Tier oder kennen unterschiedliche Haustierarten aus ihrem Familien- oder Freundeskreis. Das Interesse für Tiere begeistert und die Möglichkeit eigene Erlebnisse und Erfahrungen einbringen zu können, motiviert die Kinder im Unterricht ganz besonders.

In der fächerübergreifenden **Lernwerkstatt Haustiere** werden vertraute Themen mit Neuem verbunden. Die Kinder wenden bereits vorhandene Kompetenzen an, um sich Informationen zu beschaffen und erweitern Schritt für Schritt ihre Fähigkeiten. Ihre Lese- und Schreibkompetenz wird gefördert, der Wortschatz erweitert, kritisches Denken angeregt und das Vertreten der eigenen Meinung geübt.

Einen Schwerpunkt bilden die beiden Fächer **Deutsch** und **Sachunterricht**. Neben Übungen zum Textverstehen, üben die Schüler im Fach Deutsch, einen Suchzettel zu verfassen, schreiben Haustier-Elfchen, lösen Rätsel und vieles mehr. Dass es außer Katze, Hund und Meerschweinchen noch viele andere interessante Haustierarten gibt, lernen die Kinder u. a. im Fach Sachunterricht. Anhand der Arbeit in Expertengruppen lernen die Schüler z. B. die Achatschnecke, die Riesenhamsterratte oder die Sumpfschildkröte näher kennen.

Das Trainieren von Uhrzeiten, Lösen von Textaufgaben, die Arbeit mit Zahlenstrahlen und ein Ausmalbild zu Addition und Subtraktion sind einige Themen im Fach **Mathematik**. Im Fach **Kunst** basteln die Kinder aus einfachen Materialien eigene Haustierspielzeuge und gestalten Collagen zu Fantasie-Haustieren. Ein **Wimmelbild** fördert die Konzentration der Kinder, und auch abwechslungsreiche **Spiele** kommen in dieser Lernwerkstatt nicht zu kurz. Im Fach **Ethik** werden auch ernste Themen wie „Tierheim“ oder „Tierfriedhof“ sowie der verantwortungsvolle Umgang mit Haustieren thematisiert.
Ein **Selbsttest** zum Thema „Welcher Haustiertyp bin ich?“ rundet das Material ab.

Wenn die Möglichkeit besteht, kann ein Besuch im Tierheim unternommen werden und die Werkstatt zur Vor- und Nachbereitung genutzt werden.

Ich wünsche Ihnen und Ihren Schülern viel Freude mit diesem spannenden Thema!

Ihre

Hanna Falkenstein

© Persen Verlag

Hinweise zum Umgang mit den Materialien

Die Lernwerkstatt Haustiere fördert zahlreiche Kompetenzen und zudem die Motivation der Schüler und Schülerinnen durch die Nähe zu ihren eigenen Erfahrungen. Die Aufgabenauswahl bezieht verschiedene Themen aus den Rahmenlehrplänen für die Grundschule ein: das Rechnen am Zahlenstrahl, die Uhrzeit, Texte planen, verschiedene Wortarten, das Vertreten der eigenen Meinung und vieles mehr. Die Kinder erhalten mit der Lernwerkstatt Haustiere die Möglichkeit, sich sachlich und kreativ mit dem Thema zu beschäftigen. Das Vorwissen der Schüler wird eingebracht und erweitert.

Das Material eignet sich gut für die fächerübergreifende Projektarbeit, kann aber auch zum Stationenlernen oder für die individuelle Arbeit genutzt werden. Ebenso können die einzelnen Arbeitsblätter unabhängig voneinander im Fachunterricht eingesetzt werden.

Was versteht man eigentlich unter dem **Begriff „Haustiere“**? Anderes als der Begriff vermuten lässt, zählen zu den Haustieren nicht nur Tiere, die man im Haus oder der Wohnung hält, wie Katze, Hund oder Hamster – für diese Tiere verwendet man auch den Begriff „Heimtiere“. Zu Haustieren im weiteren Sinne gehören vielmehr auch Tiere wie Pferd, Ziege oder Schwein, da sie im Einflussbereich des Menschen leben und von diesem abhängig sind – Haustiere schließen also auch z. B. „Nutztiere“ mit ein – und daher sind diese auch in dieser Lernwerkstatt gelegentlich vertreten, so zum Beispiel beim Legespiel „Wer gehört zusammen“ auf Seite 12. Letztlich lassen sich die Begriffe Haustier, Heimtier und Nutztier auch nicht immer klar voneinander abgrenzen. So ist beispielsweise ein Blindenhund zugleich ein Nutztier, ein Haustier und ebenso ein Heimtier. Auf die Unterscheidung in Wildtiere, Nutztiere und Haustiere geht das Material „Geschichte unserer Haustiere (Seite 39) näher ein.

Die Arbeitsblätter der Lernwerkstatt sind von Klasse 1 bis Klasse 4 einsetzbar und bieten nicht nur dadurch zahlreiche **Differenzierungsmöglichkeiten**. Einige Materialien werden explizit in **zwei Schwierigkeitsstufen** angeboten – einfach und komplex . In jahrgangsgemischten Lerngruppen oder heterogenen Klassen kann zudem der Schwierigkeitsgrad variiert werden, indem Hilfestellungen, wie zum Beispiel Lösungswörter, angeboten oder weggelassen werden; an einigen Stellen werden Extra-Aufgaben für Lernstärkere angeboten, wie z. B. im Fach Mathematik zusätzliche Knobelaufgaben. Die Aufgaben aus dem Bereich „Ethik“ schließlich können ebenfalls als vertiefendes Angebot genutzt – oder aber in der Lerngruppe gemeinsam als Ergänzung besprochen werden. Die Kinder sollen hier lernen, ihre Gedanken zu äußern und Meinungen gegenüber Mitschülern zu vertreten.

Die Reihenfolge der Bearbeitung der Arbeitsblätter ist flexibel, und sie sind unabhängig voneinander einsetzbar. Eine Ausnahme bildet das Material „Kleine Tier-Experten“ (Seite 44–51), welches in Form einer Lerntheke oder als Gruppenarbeit eingesetzt werden kann.

Eine Empfehlung zu den **Einsatzmöglichkeiten nach Klassenstufen** mit Hinweisen zu den Kompetenzen, zum Fachbezug und zum Lösungsteil finden Sie in tabellarischer Form auf den folgenden Seiten.

Mit Hilfe der **Lösungen im hinteren Teil** der Lernwerkstatt Haustiere können Lösungsblätter zur Selbstkontrolle erstellt werden.

Für das 1. Schuljahr oder lernschwächere Gruppen bietet es sich an, die Arbeitsaufträge vorab gemeinsam zu besprechen.

Auch **sensible Themen**, insbesondere im Fach Ethik, sollten mit den Schülerinnen und Schülern gemeinsam **im Klassenverband besprochen** werden. So kann die Lehrkraft besser auf emotionale Reaktionen der Kinder eingehen, beispielsweise, wenn sie über den Tod eines geliebten Haustieres sprechen (vgl. Seite 68).

Zu dem **Thema „Tierheim“** finden Sie auf Seite 73 Hinweise und Leitfragen zum Unterrichtseinsatz.

© Persen Verlag

Im Fach Ethik bieten sich zudem folgende weiterführende Fragen zur Vertiefung des Themas „Haustiere“ an:
- Haben Tiere Gefühle?
- Wie erkennt man, ob ein Tier glücklich ist?
- Wie teilen uns Tiere ihre Wünsche mit?
- Wie sollten wir zu unseren Haustieren „sprechen“?
- Was bedeutet es im Alltag, Verantwortung für ein Haustier zu haben?

Spielanleitungen oder benötigte Materialien und weiterführende Hinweise

Wird das Thema Haustiere als Projekt erarbeitet, bietet sich ein Materialtisch oder eine Kiste mit Sachbüchern zum Thema, Lexika, Kinderzeitschriften und passenden Büchern an, der in der Klasse eingerichtet wird und den Kindern zur Verfügung steht.

Für einige Angebote werden zusätzliche Materialien benötigt, zum Beispiel für die Kunstprojekte (Farben, buntes Papier, Bastelmaterialien die in den Projektbeschreibungen extra aufgeführt werden), im Musikunterricht (Instrumente) oder für die Recherchearbeit (Lexika, Kindersachbücher zum Thema Haustiere, etc.).

Wer gehört zusammen? (Seiten 12–15) – siehe ebd. für Spielanleitung.
Dieses Spiel liegt zweifach differenziert vor: Beim einfachen Niveau sind auf den Spielkarten nur Bilder abgebildet. Beim komplexen Niveau sind zusätzlich die auf dem Kopf stehenden Bezeichnungen zu den Bildern aufgeführt. Die Kinder üben hier also zusätzlich, sich die Bezeichnungen von jungen und erwachsenen Tieren einzuprägen. Als zusätzlichen Arbeitsauftrag können die Schülerinnen und Schüler die Spielkarten noch farbig ausmalen.

Welches Haustier bin ich? (Seite 18) – siehe ebd. für Spielanleitung.

Katze, Kitty, kuschelig (Seite 20) – Bei diesem Spiel gelten die gleichen Regeln wie beim Spiel „Stadt-Land-Fluss“: ein Schüler sagt laut „A“ und spricht dann leise das Alphabet, bis ein anderer Schüler „Stopp“ ruft. Der entsprechende Buchstabe wird laut verkündet und jeder muss passende Wörter mit diesem Anfangsbuchstaben finden. Wer als erstes alle Felder ausgefüllt hat sagt wiederum „Stopp“. Danach kann eine Punktevergabe erfolgen, z. B. ein Wort das sonst niemand hat = 10 Punkte, eines das bereits genannt wurde = 5 Punkte. Oder es werden lustige kleine Geschichten mit den Wörtern erfunden. „Die kuschelige Katze Kitty liebt ihren Kratzbaum.

Der Dachshund und die Farbmaus (Seite 28) – Hier benötigen die Schüler Computer mit Internetzugang oder Lexika.

Berühmte Haustiere (Seite 30) – Für ihre Vorträge benötigen die Schüler große Plakatblätter.

Puzzlerechnungen (Seite 32) – Hierzu sollten Sie ein Lösungsblatt selbst erstellen und darin die Zeichnung entsprechend der Lösungen einfärben.

Kennst du uns? (Seite 41) – Hier benötigen die Schüler Computer mit Internetzugang oder Lexika.

Kleine Tier-Experten (Seite 44–51) – Es wird empfohlen, die Materialien als Lerntheke einzusetzen. Die Kinder können also die Reihenfolge und Bearbeitungszeit frei wählen. Die Steckbriefvorlage (Seite 50) ist als Blanko-Vorlage für alle Tierarten gedacht.

Haustier-Infoplakat (Seite 52) – Zur Recherche werden Computer mit Internetzugang oder Lexika benötigt. Für ihre Vorträge benötigen die Schüler große Plakatblätter.

Polizeihund Heinz und Minensucher Fritz (Seite 53) – Hier benötigen die Schüler Computer mit Internetzugang oder Lexika.

© Persen Verlag

Meine Flugkatze und deine Glitzermaus (Seite 56) – Für ihre Collagen benötigen die Schüler Kleber, Farbstifte, Tonpapier sowie viele Zeitschriften, Prospekte oder sonstige Materialien zum Ausschneiden von Tierbildern.

Haustier-Spielzeuge selber basteln (Seite 57–60) – Die zum Basteln benötigten Materialien sind in den Arbeitsblättern aufgeführt. Für die selbstgebastelten Spielzeuge gelten besondere Hinweise.
Zum *Katzen-Spielzeug*: Die fertige Socke kann man auch zusätzlich mit einem Faden an einem dünnen Stock oder Stil befestigen und sie dann als Reizangel verwenden.
Zum *Hunde-Spielzeug*: Für größere Hunde sollten als Füllung zwei Paar Socken (statt eines) verwendet werden. Ist das Tier sehr stürmisch, kann es sein, dass sich Federn und Stoffreste schnell lösen. Daher sollte es nicht als Zerrspielzeug verwendet werden.
Zum *Klettertau für Nager oder Vögel*: Selbst gesammelte Naturprodukte sollten vor der Verwendung immer gründlich abgewaschen oder idealerweise 24 Stunden eingefroren werden, um mögliche Keime abzutöten. Bei Unsicherheit, ob die Gegenstände für das Tier giftig sein könnten, diese besser nicht verwenden.
Zum *Nagerzapfen*: Für einige Nager (besonders für kleine Nager wie Hamster oder Mäuse) kann der Zapfen unverträglich sein – hier sollte man das Tier beobachten und darauf achten, dass es nicht am Zapfen nagt, sondern nur die „Füllung" isst. Der Zapfen muss gut abgewaschen oder idealerweise 24 Stunden eingefroren werden, um mögliche Keime abzutöten. Tiere, die nicht an frisches Gras gewöhnt sind, sollten zu Beginn nur wenig davon bekommen. Kräuter und Gräser sollten wegen der Schadstoffe nicht an stark befahrenen Straßen oder an Hunde-Gassi-Strecken gesammelt werden.

Unsere Geburtstags-Schlange (Seite 61) – Hier sind Stifte, Malkasten oder Wachsmalstifte sowie Kleber erforderlich. Das fertige Produkt wird im Klassenzimmer aufgehängt.

Das Tierorchester (Seite 62) – Im Idealfall sollten die im Arbeitsblatt genannten Instrumente tatsächlich vorhanden sein, damit die Kinder ausprobieren können, wie die Instrumente klingen. Alternativ könnte man auf Klangbeispiele aus dem Internet oder von CD zurückgreifen. Machen Sie den Schülern deutlich, dass es bei dieser Aufgabe kein richtig oder falsch gibt. Die Instrumente können auf ganz unterschiedliche Arten gespielt werden und je nach Spielweise lassen sich unterschiedliche Tiere assoziieren. Die Kinder sollen vor allem ihre Fantasie spielen lassen. Zur Weiterarbeit könnte man die Kinder auch eine kleine Geschichte im Stile von „Peter und der Wolf" erzählen lassen, in der die Namen der Tiere durch die Geräusche der Instrumente ersetzt werden. Das Arbeitsblatt kann auch als Hinführung auf einen möglichen Unterrichtseinsatz von „Peter und der Wolf" verwendet werden, da die meisten der behandelten Tiere und Instrumente auch in „Peter und der Wolf" vorkommen.

Das Haustierlied (Seite 63) – Vor Einsatz des Materials sollte das Lied einmal gemeinsam mit den Schülern gesungen werden.

The mouse is grey (Seite 65) – Bei diesem Material handelt es sich um ein Farbdiktat. Die Schüler sollen also anhand mündlicher Anweisungen die Tiere auf ihrem Blatt in den richtigen Farben anmalen.
Lesen sie den folgenden Text mehrfach und in langsamer Geschwindigkeit vor:
The bird is green. The sheep is black. The mouse is grey. The snake is orange and yellow.
The dog is black and white. The fish is blue and green. The rabbit is black and brown.
The cow is white and brown.

Katz und Maus (Seite 67) – siehe ebd. für Spielanleitung. Kopieren Sie die Spielkarten mehrfach je nach Anzahl der Kinder in Ihrer Klasse. Pro Kartensatz sollten es mindestens zwei Katzenkarten sein. Die restlichen Karten sind Mäusekarten. Bei großen Lerngruppen können Sie die Zahl der Fänger (die Katzenkarten) erhöhen, um das Verhältnis von Fängern und Läufern auszugleichen (letztlich ist auch die Größe des Spielfeldes entscheidend).

© Persen Verlag

Einsatzmöglichkeiten nach Klassenstufen

Fach	Titel/Inhalt	1. Klasse	2. Klasse	3. Klasse	4. Klasse	Lösung	Seite
Konzentration/Spiele	**Wer gehört zusammen?** Tierkinder den Eltern zuordnen		x	x			12
	Wer gehört zusammen? Tierkinder den Eltern zuordnen			x	x		14
	Chaos in der Tierhandlung Tiere suchen und zählen		x	x		76	16
	Welches Haustier bin ich? Ratespiel/Konzentration	x	x	x	x		18
	Was gehört zu welchen Tier? Bilder/Begriffe zuordnen	x	x			76	19
	Katze, Kitty, kuschelig Wortschatz/Konzentration		x	x	x		20
Deutsch	**Haustier-Logical** Logik und Leseverstehen		x	x	x	77	21
	Haustier-Kreuzworträtsel Wortschatz		x	x		77	22
	Haustier-Suchsel Konzentration/Wortschatz	x	x	x	x	77	23
	Herr Grumbel sucht seinen Hund Einen Suchzettel erstellen			x	x	78	24
	Spenden für Mimmi Leseverstehen			x	x	78–79	25
	Waldi von Grünhausen Leseverstehen			x	x	79	26
	Lustige Tier-na-men Wortbildung/Kreativität		x	x	x		27
	Der Dachshund und die Farbmaus Leseverstehen, Informationen recherchieren			x	x	79–80	28
	Haustier-Elfchen Gedicht schreiben		x	x	x		29
	Berühmte Haustiere Recherche und Kurzvortrag üben		x	x	x		30
	Haustier-Wörter Wortarten		x	x	x	80	31
	Frau Spinnenbein hat viel zu tun Leseverstehen		x	x	x	80	32
Mathematik	**Puzzlerechnungen** Addition/Subtraktion	x	x			80	33
	Rechengeschichten Sachaufgaben			x	x	81	34

© Persen Verlag

Fach	Titel/Inhalt	1. Klasse	2. Klasse	3. Klasse	4. Klasse	Lösung	Seite
Mathematik	**Häschen auf dem Zahlenstrahl** Addition/Subtraktion	x	x			81	35
	Hamster-Labyrinth Addition/Subtraktion			x	x	82	36
	Wann gehen wir endlich Gassi? Uhrzeiten trainieren	x	x			82	37
	Wo sitzen Schildi und ihre Freunde? Zahlentafel	x	x			82	38
Sachunterricht	**Die Geschichte unserer Haustiere** Sachtext		x	x		82	39
	Kennst du uns? Recherche	x	x			83	41
	Haustier-Steckbrief Beschreibung anfertigen	x	x	x	x		42
	Kleine Tier-Experten Infotexte, Zeichnungen beschriften Steckbrief schreiben			x	x	83–84	44
	Haustier-Infoplakat Präsentieren üben		x	x	x		52
	Lilli hat Kätzchen! Sachtext		x	x		84	53
	Polizeihund Heinz und Minensucher Fritz Sachtext			x	x		54
	Haltung von Haustieren Regeln erkennen und benennen	x	x			84	55
Kunst	**Meine Flugkatze und deine Glitzermaus** Phantasietiere	x	x	x	x		56
	Haustier-Spielzeuge selber basteln Basteln mit verschiedenen Materialien	x	x	x	x		57
	Unsere Geburtstags-Schlange Geburtstagsschlange gestalten	x	x	x	x		61
Musik	**Das Tierorchester** Töne hören und zuordnen	x	x	x	x	84	62
	Das Haustierlied Singen und Choreografie	x	x	x	x		63
Englisch	**Our pets** Wortschatz			x	x	85	64
	The mouse is grey Farbdiktat			x	x		65

Fach	Titel/Inhalt	1. Klasse	2. Klasse	3. Klasse	4. Klasse	Lösung	Seite
Sport	**Tierlauf** Fortbewegungsarten von Tieren	x	x	x	x		66
	Katz und Maus Fangspiel	x	x	x	x		67
Ethik	**Minka und Frau Müller** Über den Tod von Tieren sprechen			x	x		68
	Der Welpe ist da! Infotext mit Rätselwörtern			x	x	85	69
	Mit Haustieren richtig umgehen Verhaltensregeln formulieren				x	85–86	71
	Im Tierheim			x	x		73
	Selbsttest: **Welcher Haustiertyp bin ich?** Selbsttest			x	x		74

© Persen Verlag

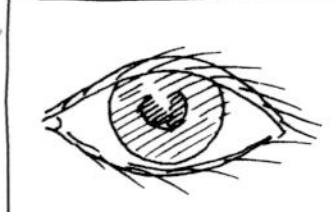

 Wer gehört zusammen? (1)

Spielregeln

1. Schaue dir die Karten genau an.
   Es gehören immer ein Elterntier und ein Tierkind zusammen.
2. Schneide die Karten aus und mische sie.
3. Lege sie verdeckt auf dem Tisch aus.
4. Spielt zu zweit. Deckt abwechselnd immer zwei Karten auf.
   Versucht dabei immer die passenden Eltern zu den Tierkindern zu finden. Wer die meisten Paare hat, gewinnt.

Hanna Falkenstein: Lernwerkstatt Haustiere
© Persen Verlag

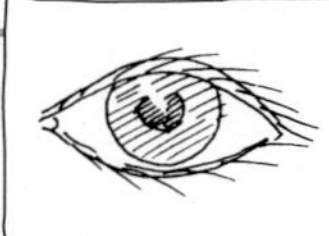

Wer gehört zusammen? (2)

© Persen Verlag

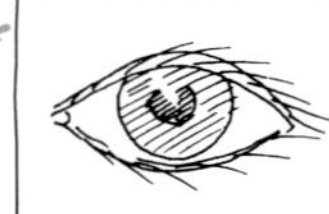

  Wer gehört zusammen? (1)

Spielregeln

1. Schaue dir die Karten genau an.
   Es gehören immer ein Elterntier und ein Tierkind zusammen.
2. Schneide die Karten aus und mische sie.
3. Lege sie verdeckt auf dem Tisch aus.
4. Spielt zu zweit. Deckt abwechselnd immer zwei Karten auf.
   Versucht dabei immer die passenden Eltern zu den Tierkindern zu finden. Wer die meisten Paare hat, gewinnt.

 Schwein	 Ferkel	 Hund
 Welpe	 Katze	 Kätzchen
 Fische	 Fischlaich	 Pferd

Hanna Falkenstein: Lernwerkstatt Haustiere
© Persen Verlag

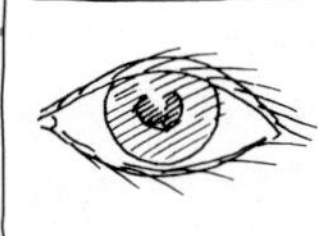

  Wer gehört zusammen? (2)

 Fohlen	 Ziege	 Zicklein
 Huhn	 Küken	 Spinne
 Spiderling	 Wellensittich	 Wellensittichküken
 Kaninchen	 Kaninchenjunges	 Maus
 Mauswelpe	 Ente	 Entenküken

© Persen Verlag

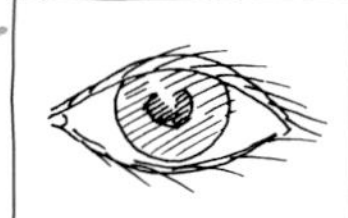

Chaos in der Tierhandlung (1)

Hanna Falkenstein: Lernwerkstatt Haustiere
© Persen Verlag

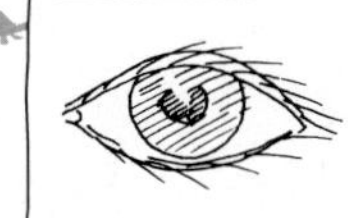

Chaos in der Tierhandlung (2)

Frau Spinnenbein hat eine eher ungewöhnliche Tierhandlung.
Sie liebt ihre Tiere, aber sie räumt nicht so gerne auf.

❶ **Finde die Tiere und markiere sie farbig in der Zeichnung. Zähle sie und notiere die Anzahl in der Tabelle.**

Hunde	Katzen	Mäuse	Spinnen	Schildkröten	Fische	Vögel

❷ **Schau genau hin: Wo sind die Tiere? Suche dir vier Tiere aus und beschreibe in einem Satz, wo sie sich befinden.**

Tipp: Verwende Wörter wie z. B. auf, unter, neben oder hinter.

____

____

____

____

____

____

____

Extra: Wähle drei Tiere aus der Zeichnung aus.

a) **Überlege dir zu den drei Tieren passende Rätselsätze, die das jeweilige Tier beschreiben.**
Beispiel: Das Tier hat einen Panzer und frisst gerne Salat.

b) **Lies deinem Partner deine Rätselsätze vor. Errät sie oder er die gesuchten Haustiere?**

© Persen Verlag

Welches Haustier bin ich?

Spielregeln

1. Mische alle Karten und lege sie verdeckt auf einen Tisch.
2. Wenn du an der Reihe bist, ziehst du eine Karte und gibst sie deinen Mitschülern. Du selbst darfst deine Karte nicht sehen, denn nur deine Mitschüler erfahren, welches Tier du gezogen hast.
3. Du musst nun durch so wenig Fragen wie möglich herausfinden, welches Tier auf deiner Karte ist. Achtung: Es sind nur Fragen erlaubt, die man mit „ja“ oder „nein“ beantworten kann!
4. Am Ende wird auf der Rückseite des Kärtchens die Anzahl deiner benötigten Fragen notiert. Es gewinnt derjenige, der am wenigsten Fragen benötigt hat.

Beispiele für Fragen:
Kann ich fliegen?
Esse ich Fleisch?
Kann man auf mir reiten?
Habe ich lange Ohren?

© Persen Verlag

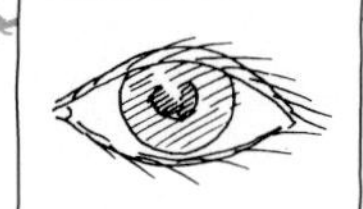

Was gehört zu welchem Tier?

Verbinde ein Haustier mit seinem passenden Zubehör. Jedes Tier benötigt hier zwei verschiedene Dinge – wie im Beispiel vorgegeben.

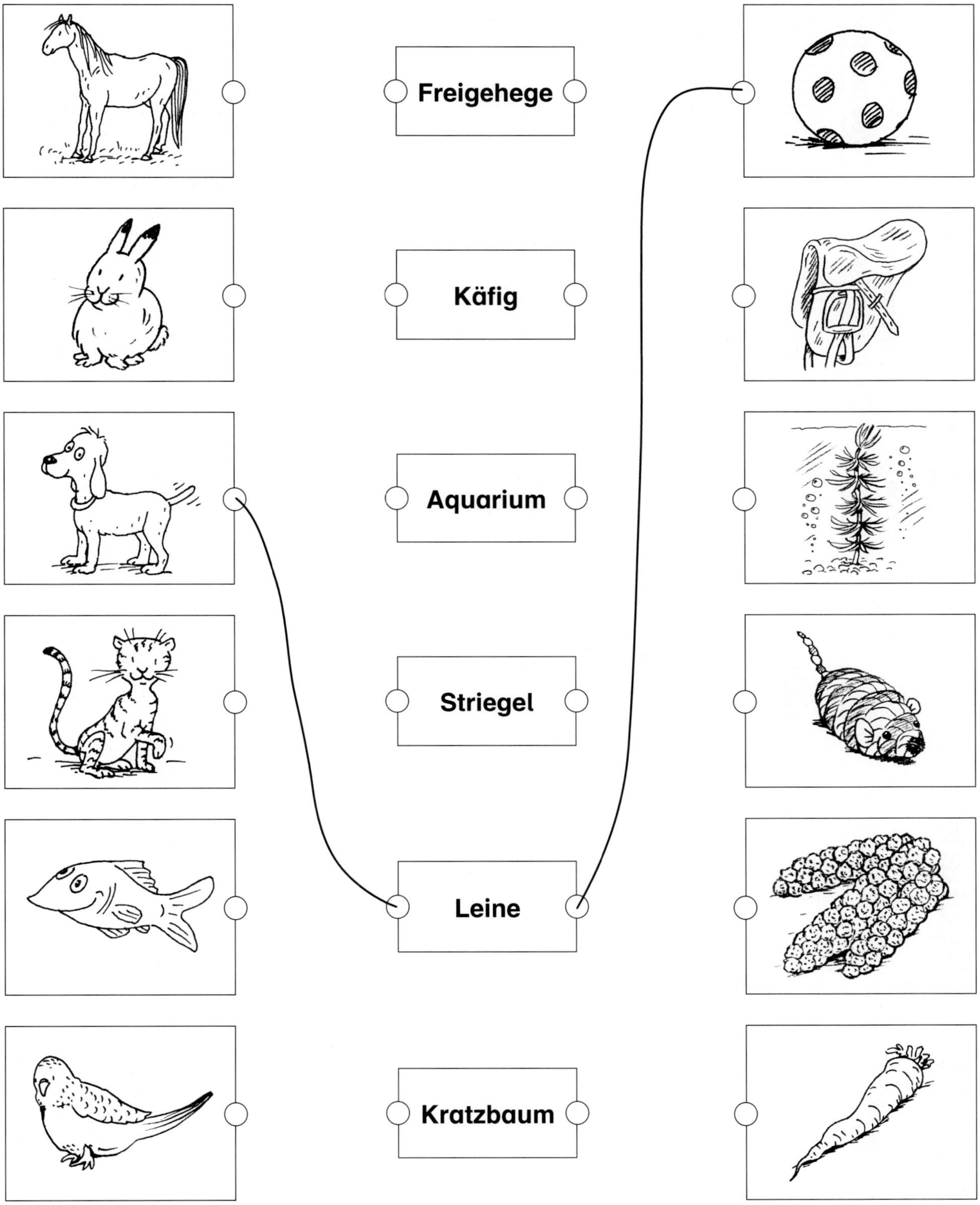

Freigehege

Käfig

Aquarium

Striegel

Leine

Kratzbaum

© Persen Verlag

Katze, Kitty, kuschelig

Buchstabe	Tier	Name	Eigenschaft Wie ist dieses Tier?	Zubehör Was braucht dieses Tier?
K	Katze	Kitty	kuschelig	Kratzbaum
B	Bartagame	Bert	brav	Baumstamm

© Persen Verlag

Haustier-Logical

Herr Vogelhut hat sehr viele Hunde und Katzen, aber er ist leider etwas vergesslich. Kannst du ihm helfen, sich an die richtigen Namen zu erinnern?

Lies die Sätze. Schreibe die richtigen Namen unter die Bilder.

Karl miaut viel, sein Fell ist weich und seine Pfoten sehen, aus, als ob er Socken tragen würde.

Trixie ist kleiner als Malu. Sie hat langes Fell und ein hübsches Halsband.

Malu hat geflecktes Fell, ist größer als Trixie und liebt ihren Ball.

Mimmi ist kleiner als Kari, miaut am lautesten und hat eine auffällige Schwanzspitze.

Kari spielt gerne mit Mimmi, hat kurzes Fell und erinnert an einen Tiger.

Greta ist größer als Malu, hat langes Fell und mag kein Halsband.

Haustier-Kreuzworträtsel

ABC

Schreibe die richtigen Haustiere in das Kreuzworträtsel.

1. Er ist mit dem Wolf verwandt, bellt und geht gerne Gassi.
2. Sie wird auch Stubentiger genannt und kann schnurren.
3. Sie hat einen Panzer, bewegt sich eher langsam und mag Salat.
4. Er atmet durch Kiemen, kann super schwimmen und wohnt im Aquarium oder Teich.
5. Sie meckert viel, aus ihrer Milch kann man Käse machen, und es gibt sie wild in den Bergen.
6. Sie hat keine Beine, keine Pfoten, kein Fell und wohnt im Terrarium.
7. Sie hat acht Beine, ist sehr leise und möchte lieber ihre Ruhe. Sie hat keine Federn und fliegen kann sie auch nicht.
8. Sie hat einen langen Schwanz, mag Käse und reimt sich auf Haus.
9. Es hat lange Ohren und mag Möhren.
10. Auf ihm kann man reiten und es wiehert.

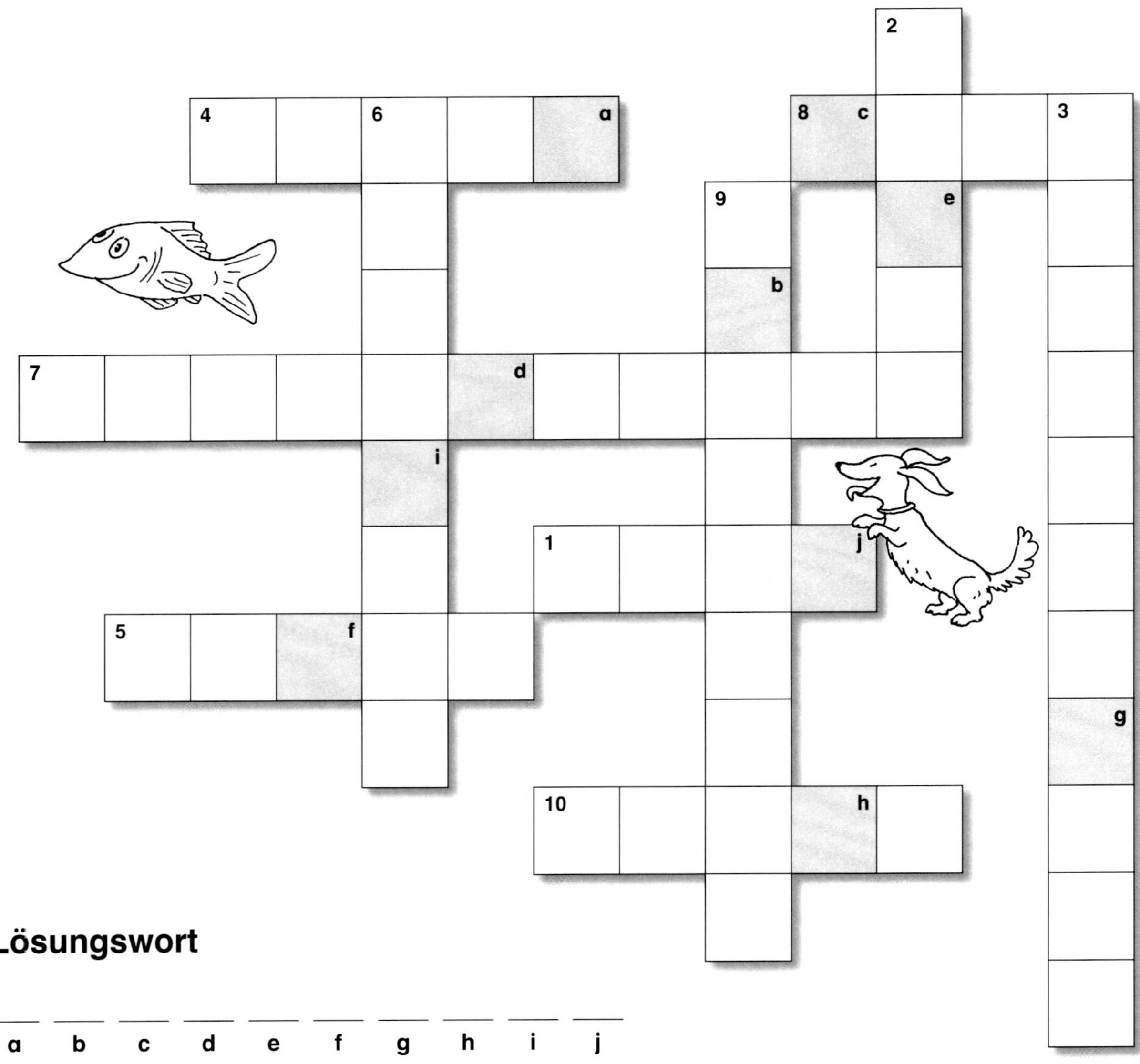

Lösungswort

__ __ __ __ __ __ __ __ __ __

a b c d e f g h i j

Hanna Falkenstein: Lernwerkstatt Haustiere
© Persen Verlag

Haustier-Suchsel

In diesem Buchstabengitter sind 15 Wörter zum Thema „Haustiere“ versteckt. Findest du alle? → ↓

R	Y	J	U	F	S	F	C	N	M	M	Q	Y	X	H	T	M	P
D	G	K	A	U	K	N	O	C	H	E	N	D	K	A	T	Z	E
D	Q	I	U	Y	B	S	K	D	P	I	T	J	H	U	X	K	H
O	H	F	J	O	T	I	E	R	A	R	Z	T	A	K	V	V	E
H	K	U	W	H	V	V	G	K	X	X	N	P	S	O	K	X	J
A	M	T	K	K	T	Z	T	K	K	Ä	F	I	G	R	A	J	C
L	S	T	P	Z	J	N	E	W	R	L	I	G	C	P	N	Z	J
S	W	E	L	L	L	C	R	Q	L	E	I	N	E	P	I	L	K
B	L	R	N	K	C	Q	R	O	B	Z	X	W	C	N	N	M	B
A	W	S	C	R	N	N	A	T	Z	G	D	Y	P	H	C	L	S
N	Z	C	V	A	T	I	R	W	X	A	U	M	M	R	H	C	T
D	C	H	Q	T	S	I	I	X	D	Q	X	H	J	A	E	G	A
U	N	Ü	P	Z	I	W	U	T	Y	U	S	A	S	O	N	R	L
H	S	S	P	B	L	T	M	L	K	A	O	M	U	W	K	H	L
U	H	S	N	A	V	K	D	C	J	R	F	S	O	F	V	K	B
N	D	E	H	U	I	D	M	L	N	I	Y	T	X	K	T	U	G
D	H	L	R	M	U	E	E	Y	R	U	P	E	Y	M	A	U	S
V	X	S	B	V	L	K	R	V	Q	M	Y	R	O	A	E	H	B

Kauknochen, Katze, Halsband, Hund, Futterschüssel, Kratzbaum, Terrarium, Aquarium, Hamster, Maus, Stall, Kaninchen, Käfig, Leine, Tierarzt

© Persen Verlag

Herr Grumbel sucht seinen Hund

ABC

Herr Grumbels Hund Franz ist verschwunden. Er will wissen, ob andere ihn vielleicht gesehen haben und hängt diesen Suchzettel auf.

Hund „Franz" vermisst! – 50 Euro Belohnung

Ich besitze Franz schon, seit er ein kleiner Welpe und erst 8 Wochen alt war. Jetzt ist er 5 Jahre alt. Franz ist ein mittelgroßer Mischlings-Hund, hat weißes wuscheliges Fell und süße Schlappöhrchen. Er ist sehr zutraulich und verschmust. Am liebsten isst er Käse, und er ist gut erzogen. Mit dem Hund vom Nachbarn spielt er gerne, aber Katzen mag er überhaupt nicht. Wenn er nicht gerade spielen will, schläft er fast den ganzen Tag. Anfang Januar ist dann das Schreckliche passiert. Am 5. Januar verschwand mein geliebtes Hundchen Franz spurlos aus meinem Garten im Nelkenweg 4. Seitdem habe ich überall nach ihm gesucht – leider ohne Erfolg. Er trug ein blaues Halsband. Franz hört auf seinen Namen, bellt aber sehr, wenn er angeleint wird. Er gehört schon richtig zur Familie und ich bin sehr traurig, dass er weg ist. Hoffentlich kann mir jemand helfen. Wer hat Franz gesehen oder vielleicht mitgenommen?

Bitte alle Hinweise an: 3421 (Herbert Grumbel)

Der Suchzettel von Herrn Grumbel ist noch viel zu lang, denn er enthält viele unwichtige Informationen, die man für die Suche nach Franz nicht benötigt.

❶ **Überlege, welche Informationen wirklich nötig sind, damit Franz gefunden werden kann. Unterstreiche sie im Text.**

❷ **Schreibe anschließend einen neuen Suchzettel auf ein extra Blatt.**

Hanna Falkenstein: Lernwerkstatt Haustiere
© Persen Verlag

Spenden für Mimmi

Tierheim freut sich über Spenden

Moosbach. Die Mädchen und Jungen einer 3. Klasse der Waldpfadschule aus Moosbach brachten vergangenen Donnerstag Futterspenden und viel Nützliches zum Tierheim „Mäuseburg“. Auch Geld wurde gespendet und insgesamt sind 120 Euro bei dieser Spendenaktion zusammengekommen.
Nach einem Tierheimbesuch hatten die Kinder gemeinsam mit zwei Lehrerinnen eine Spendenaktion gestartet. Dabei stand vor allem die Hündin „Mimmi“ im Mittelpunkt, für die Geld für eine bevorstehende Tierarztbehandlung gesammelt werden soll.
Gerhard Müller, Leiter des Tierheims, freute sich sehr über die Geschenke wie Katzen- und Hundefutter, Kuscheldecken, Kauknochen, Fischfutter und sogar zwei Säcke Heu. Jede Spende sei willkommen, versicherte er.
Für 23 Hunde, 17 Katzen, 12 Kaninchen, 3 Meerschweinchen, 24 Mäuse und sogar 41 Fische und 2 Schildkröten ist das Tierheim ihr derzeitiges Zuhause. Alle warten auf eine gute Vermittlung, und auch Mimmi soll nach ihrer Behandlung einen neuen Platz in einer Familie finden.
Wer möchte, kann immer montags bis donnerstags von 14 bis 17.30 Uhr ins Tierheim kommen, um sich zu informieren, sich umzuschauen, zu spenden oder mitzuhelfen.

Beantworte die Fragen. Unterstreiche dazu erst die wichtigen Informationen im Text und formuliere dann deine Antworten.

1. Wie heißt das Tierheim?

   ____

2. Wer ist Gerhard Müller?

   ____

3. Wann hat das Tierheim für Besucher geöffnet?

   ____

4. Welche Tiere leben derzeit in diesem Tierheim?

   ____

5. Wie viel Geld konnten die Kinder sammeln?

   ____

6. Welche Sachspenden haben die Kinder im Tierheim abgegeben?

   ____

© Persen Verlag

Waldi von Grünhausen

Kennt ihr schon Waldi von Grünhausen? Waldi sieht aus wie eine Wurst. Er ist ziemlich lang, hat ganz kurze Beine, einen dünnen Schwanz, Schlappohren und nur sehr kurzes Fell. Waldi ist ein Dackel. Wenn er vor einem steht, dann hebt er erst die rechte Vorderpfote, dann die linke, tippelt ungeduldig hin und her.

Eigentlich gehört Waldi Frau Petersen, aber Paula darf seit vier Wochen immer nach der Schule mit ihm spielen oder Gassi gehen.

Als Paula gestern Waldi bei Frau Petersen abholt, entdeckt sie ein Bild von Waldi in Frau Petersens Wohnung. Ein richtiges Gemälde ist das! „Waldi von Grünhausen“ steht in goldener Schrift darunter. „Waldi von Grünhausen?“ fragt Paula Frau Petersen, „Das klingt richtig fein. Haben Sie sich das ausgedacht?“ „Nein“, Frau Petersen schüttelt mit dem Kopf. „Waldi hat diesen Namen vom Züchter bekommen!“

Dann erklärt Frau Petersen, dass Waldi ein Hund mit ganz besonderen Vorfahren ist, sein Vater viele Preise bei Ausstellungen gewonnen hat und schon in vielen Ländern war. Waldi ist ein Rassehund, so nennt man das. Eine bestimmte Größe, Farbe, Felllänge – gewisse Eigenschaften hat man dann bei allen Tieren dieser Rasse, weil die Elterntiere genau danach ausgesucht werden. Das findet Paula seltsam und auch ein bisschen langweilig.

Sie findet es schöner, wenn Hunde ganz unterschiedlich aussehen. Waldi findet sie aber trotzdem süß, aber als sie mit ihm am Park ankommt, entdeckt sie gleich noch einen Dackel und denkt: „Zum Glück sieht er doch ein bisschen anders aus!“ Sicher findet Frau Petersen vertauschte Hunde nicht so toll ...

Lies den Text. Kreuze die richtigen Antworten an.

Waldi ist ein
- ☐ Schäferhund.
- ☐ Mischling.
- ☐ Dackel.

Wald sieht aus wie eine Wurst.
Er hat
- ☐ kurze Beine und einen buschigen Schwanz.
- ☐ kurze Beine und einen dünnen Schwanz.
- ☐ krumme Beine und einen kurzen Schwanz.

In Frau Petersens Wohnung sieht Paula
- ☐ ein Gemälde von Waldi.
- ☐ ein Foto von Waldis Vorfahren.
- ☐ ein Bild von Herrn Petersen.

Ein Rassehund
- ☐ kommt immer aus dem Ausland.
- ☐ hat immer eine bestimmte Größe, Farbe und Felllänge.
- ☐ muss jeden Tag Wurst essen.

Paula mag Waldi, aber eigentlich findet sie Rassehunde
- ☐ lustig.
- ☐ langweilig.
- ☐ süß.

Paula geht mit Waldi
- ☐ zu einer Ausstellung.
- ☐ in den Garten.
- ☐ zum Park.

Hanna Falkenstein: Lernwerkstatt Haustiere
© Persen Verlag

Lustige Tier-na-men

Schneide die Tierbilder am äußeren Rand aus. Schneide dann die Bilder entlang der gestrichelten Linien ein. Lege alle sechs Bilder übereinander und hefte sie oben in der grauen Fläche zusammen. Nun kannst du die Abschnitte nach oben klappen und so lustige Tiernamen erfinden. Schreibe die Tiernamen auf, zum Beispiel: Schildschweingei

Spiel: Beschreibe ein Tier, zum Beispiel: Das Tier hat einen Panzer, bunte Federn und einen Kringelschwanz. Wer errät dein Tier?

A	ga	me	Ka	nin	chen
Le	gu	an	Pa	pa	gei
Schild	krö	te	Meer	schwein	chen

© Persen Verlag

Der Dachshund und die Farbmaus

Manche Tierarten haben ungewöhnliche oder lustige Namen. Hört man Namen wie „Dachshund“, „Farbmaus“, „Hauskatze“ oder „Vogelspinne“, könnte man sie sich etwa so vorstellen:

Natürlich sehen diese Tiere nicht immer genau so aus, wie sie vom Namen her klingen.
Der **Dachshund** ist eigentlich ein Jagdhund. Durch seinen Körperbau kann er besonders gut in die Gänge eines Dachsbaus kriechen.
Die **Farbmaus** ist im Gegensatz zu ihren wilden Vorfahren nicht nur grau oder braun, sondern es gibt sie in unterschiedlichen Fellfarben.
Die **Hauskatze** lebt bei uns Menschen im Haus oder auf dem Hof.
Die **Vogelspinne** ist eine besonders große Spinne, eine Malerin bildete sie im 18. Jahrhundert mit einem Vogel als Beute ab.

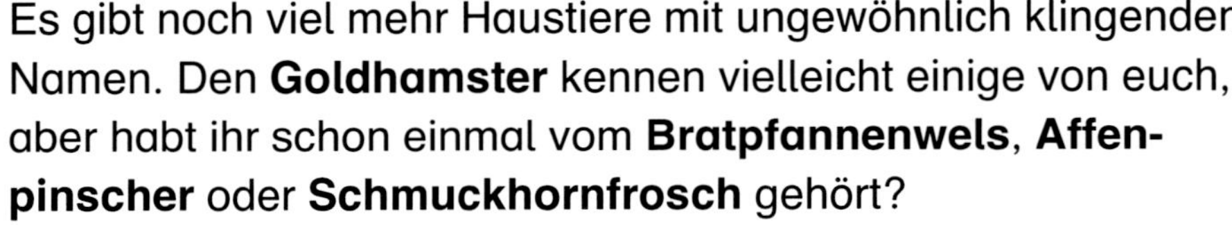

Es gibt noch viel mehr Haustiere mit ungewöhnlich klingenden Namen. Den **Goldhamster** kennen vielleicht einige von euch, aber habt ihr schon einmal vom **Bratpfannenwels**, **Affenpinscher** oder **Schmuckhornfrosch** gehört?

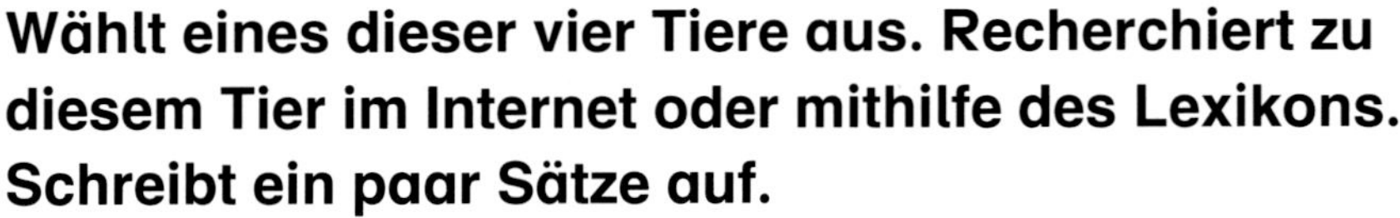

Wählt eines dieser vier Tiere aus. Recherchiert zu diesem Tier im Internet oder mithilfe des Lexikons. Schreibt ein paar Sätze auf.

Name des Tieres: ______________________________

Beschreibung:

____

____

____

____

Hanna Falkenstein: Lernwerkstatt Haustiere
© Persen Verlag

Haustier-Elfchen

Schreibe ein Haustier-Elfchen.

Ein Beispiel:

Paul
frecher Hund
spielt mit uns
von uns allen geliebt
Familienmitglied

____

________________ ________________

________________ ________________ ________________

________________ ________________ ________________ ________________

____

Das Elfchen

Ein Elfchen besteht aus elf Wörtern und 5 Zeilen.

1. Zeile: Ein Wort (Ein Gedanke, ein Gegenstand, eine Farbe, ein Geruch oder Ähnliches)
2. Zeile: Zwei Wörter (Was macht das Wort aus der 1. Zeile?)
3. Zeile: Drei Wörter (Wo und wie ist der Gegenstand, was tut die Person aus Zeile 1?)
4. Zeile: Vier Wörter (Was meinst du dazu? Etwas über sich selbst schreiben)
5. Zeile: Ein Wort (Was kommt dabei heraus?)

Das Elfchen muss sich nicht reimen.

© Persen Verlag

Berühmte Haustiere

In vielen Filmen, Spielen, Geschichten, Serien oder Büchern spielen Tiere eine große Rolle, wie z. B. Lassie, Flipper oder Black Beauty.

❶ **Arbeitet zu dritt oder zu viert. Sammelt gemeinsam Beispiele für bekannte Haustiere als Figuren aus Filmen, Serien, Büchern oder sonstigen Medien.**

❷ **Einigt euch in der Gruppe auf eine Figur, über die ihr berichten möchtet. Orientiert euch bei eurem Vortrag an den folgenden Fragen:**

- In welchem Film, Buch oder sonstigem Medium kommt das Haustier vor?
- Um welches Tier handelt es sich?
- Welchen Namen hat das Tier?
- Wie sieht das Tier aus?
- Was sind seine Besonderheiten?
- Wo lebt es und bei wem?
- Erlebt es besondere Abenteuer?
- Was findet ihr daran besonders spannend oder witzig?
- Hat es spezielle Aufgaben?

❸ **Haltet die wichtigsten Informationen zu eurem Thema auf einem Plakat fest. Klebt auch ein Foto vom Haustier-Star auf oder malt dazu ein Bild auf das Plakat.**

❹ **Sprecht euch ab, wer welche Dinge in eurem Vortrag erzählt, und probt euren Vortrag mindestens einmal.**

Hanna Falkenstein: Lernwerkstatt Haustiere
© Persen Verlag

Haustierwörter

Male alle Felder mit Nomen rot, alle Felder mit Verben blau und alle Felder mit Adjektiven grün an.

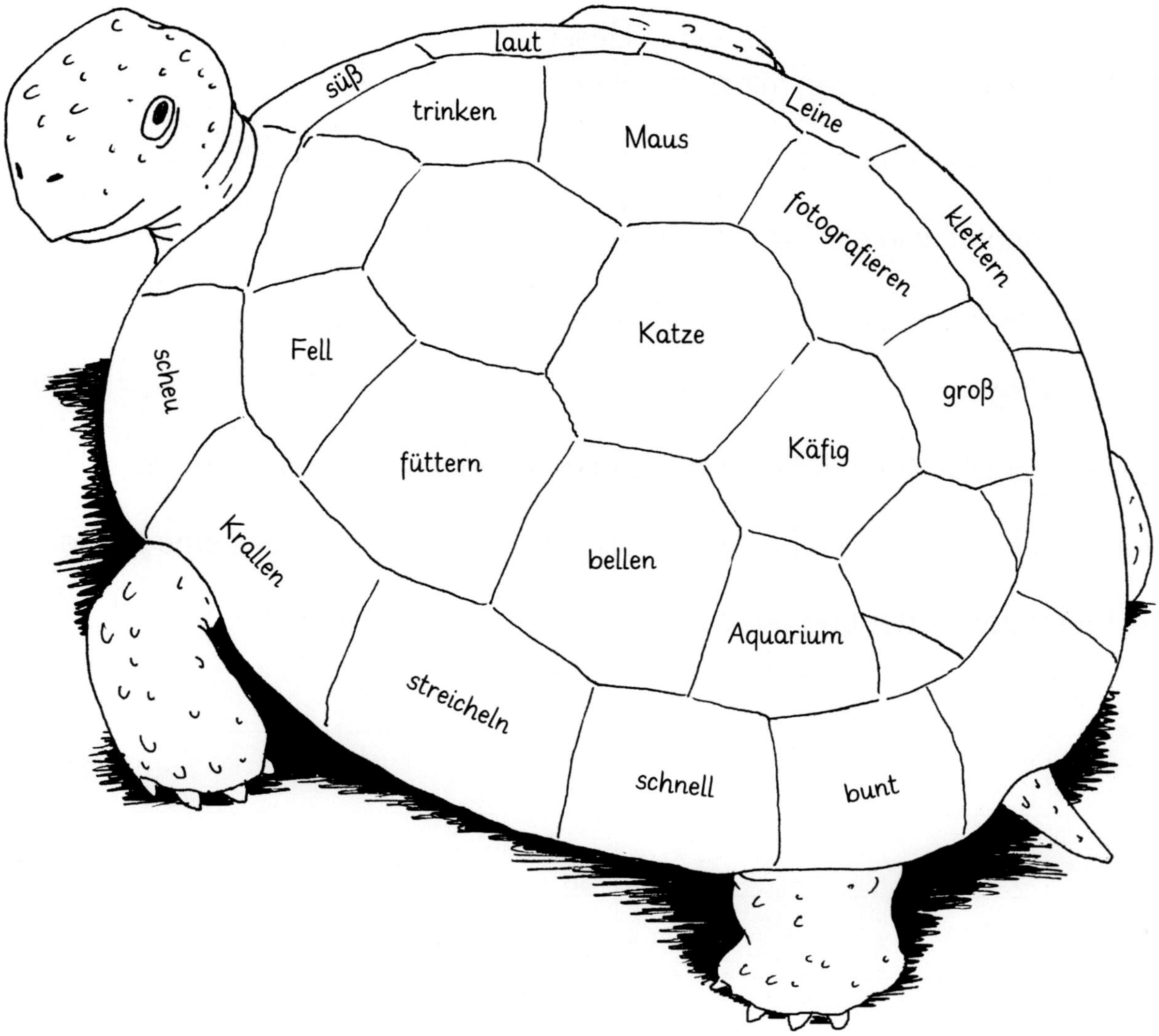

laut
süß
trinken
Maus
Leine
fotografieren
klettern
Fell
Katze
scheu
groß
füttern
Käfig
Krallen
bellen
Aquarium
streicheln
schnell
bunt

Extra:
Ergänze zwei Nomen, zwei Verben und zwei Adjektive zum Thema Haustiere. Male die Felder in den passenden Farben an.

hungrig – Fleischfresser – beobachten – schwer – dressieren – Vegetarier

© Persen Verlag

Frau Spinnenbein hat viel zu tun

Für Frau Spinnenbein gibt es jeden Tag viel zu tun in ihrer Tierhandlung.

Lies den Text.
In jedem Satz ist ein Fehler versteckt. Kreise ihn ein.
Schreibe ein passendes Wort darüber.
Schreibe die Sätze dann richtig ab.

Besen
Sie fegt die Tierhandlung mit einem (Eimer).

Ein Meerschweinchen ist krank. Frau Spinnenbein ruft den Zahnarzt an.

Sie beobachtet, wie der Hamster im Aquarium klettert.

Frau Spinnenbein geht Gassi mit den Mäusen.

Bei den Fischen wechselt sie das Stroh im Aquarium.

Oje, sie hat den Käfig aufgelassen und alle Vögel sind hinausgerannt!

Wenn ein Kunde Fragen hat, weiß Frau Spinnenbaum auf alles eine Frage.

Sie räumt das Futter und das Tier-Zubehör in die Regale aus.

Hanna Falkenstein: Lernwerkstatt Haustiere
© Persen Verlag

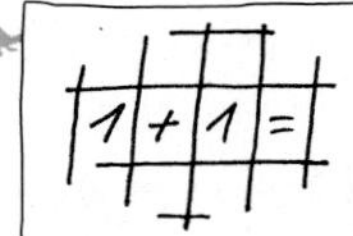

Puzzlerechnungen

❶ Löse zuerst die Aufgaben.

a) 7 + 8 = ______

b) 5 + 15 = ______

c) 6 + 4 = ______

d) 18 – 3 = ______

e) 14 – 4 = ______

f) 9 + 9 = ______

g) 5 + 10 = ______

h) 8 + 8 = ______

i) 10 + 8 = ______

j) 9 + 7 = ______

k) 20 – 0 = ______

l) 20 – 2 = ______

m) 12 – 2 = ______

n) 16 – 1 = ______

o) 17 – 1 = ______

p) 10 + 10 = ______

q) 3 + 7 = ______

r) 50 – 35 = ______

s) 20 – 4 = ______

t) 6 + 9 = ______

❷ Male die Felder je nach Ergebnis in dem Bild an.

15 = blau
10 = grün

18 = orange
20 = gelb

16 = schwarz oder grau

© Persen Verlag

Rechengeschichten

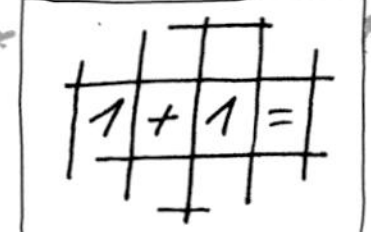

Berechne die Aufgaben.

❶ Lumpi frisst jeden Tag eine Dose Hundefutter. Sein Lieblingsfutter kostet 2,90 € pro Dose. Wie viel gibt Herr Mulder jede Woche für Lumpis Futter aus?

Rechnung:

Antwort: ______________________________

❷ Im Tierheim leben 43 Hunde, 36 Katzen, 2 Pferde, 7 Ziegen, 13 Kaninchen, 25 Mäuse, 3 Ratten, 8 Wellensittiche, 18 Fische, 3 Schlangen, 1 Vogelspinne und 5 Schildkröten. Wie viele Tiere leben insgesamt im Tierheim?

Rechnung:

Antwort: ______________________________

❸ Herr Krautwinkel geht jeden Morgen um acht Uhr mit seinem Hund Brutus Gassi. Um zehn Uhr kommen sie wieder zurück und gehen nachmittags und um 22 Uhr jeweils nochmal eine Stunde spazieren. Wie viele Stunden sind Herr Krautwinkel und Brutus täglich unterwegs?

Rechnung:

Antwort: ______________________________

❹ Lena braucht jeden Tag 50 Gramm Futtermischung für ihre Meerschweinchen. Wie lange reicht ihr die 255 Gramm Packung?

Rechnung:

Antwort: ______________________________

Extra-Aufgaben für Knobelfreunde: Rechne im Heft.

zu ❶: Wie viel muss Herr Mulder im Januar, Februar und April für das Hundefutter ausgeben?

zu ❷: Wie viele Beine zählt der Tierpfleger Herr Fritzmann insgesamt im Tierheim?

zu ❸: Wie lange muss Brutus nachts warten, bis er wieder Gassi gehen darf?

zu ❹: Wie viele Futterpackungen braucht Theresa in einem Monat?

Hanna Falkenstein: Lernwerkstatt Haustiere
© Persen Verlag

Häschen auf dem Zahlenstrahl

Trage alle fehlenden Zahlen richtig ein.

❶ Das Häschen Hans kann ziemlich weit hüpfen, auf welcher Zahl landet es?

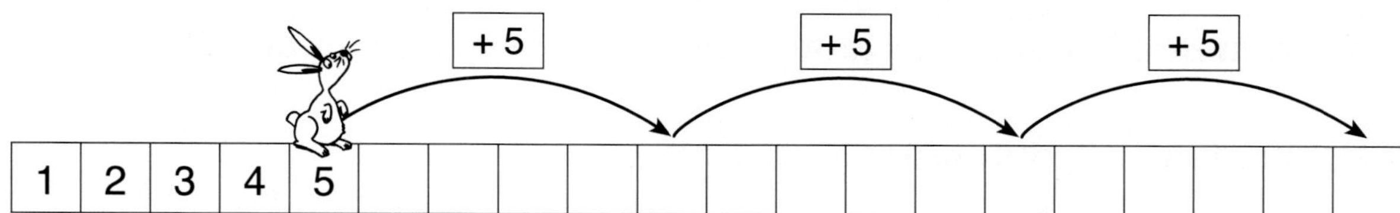

❷ Doch was passiert, wenn Hans doch wieder zurück möchte?
Jetzt ist er etwas müde und kann nicht mehr so weit hüpfen.

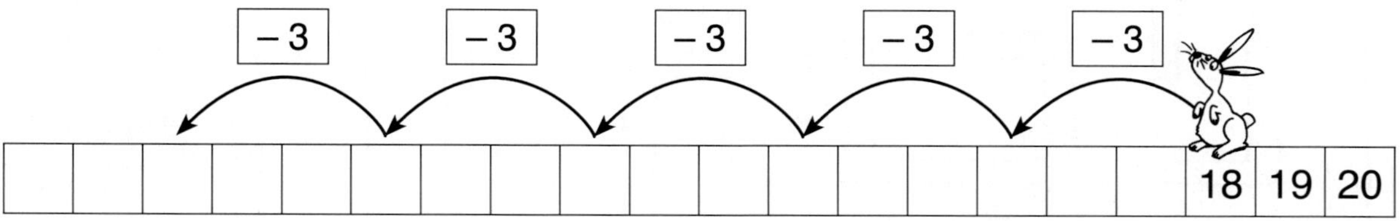

❸ Seine Freundin Henna hüpft mal weiter und mal nicht so weit.
Wie weit hüpft Henna?

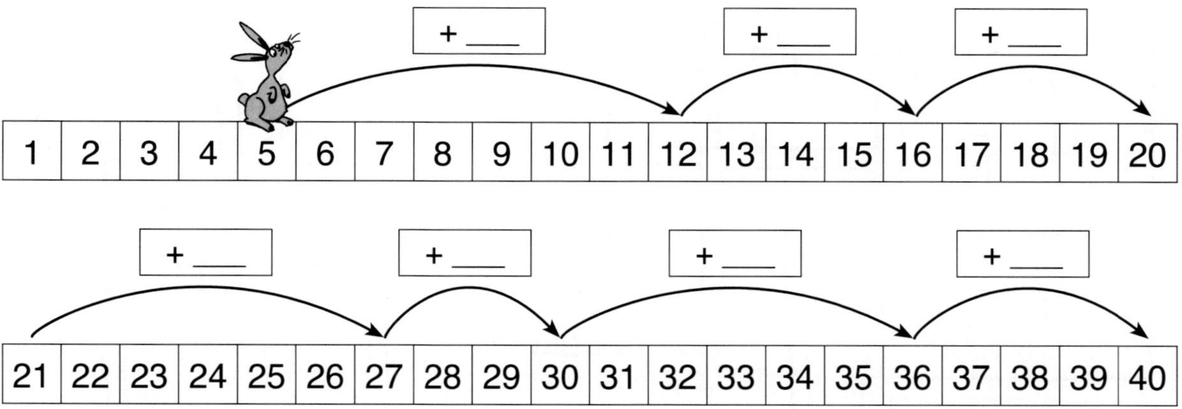

❹ Und auch Henna möchte wieder zurück. Wie weit hüpft sie jetzt?

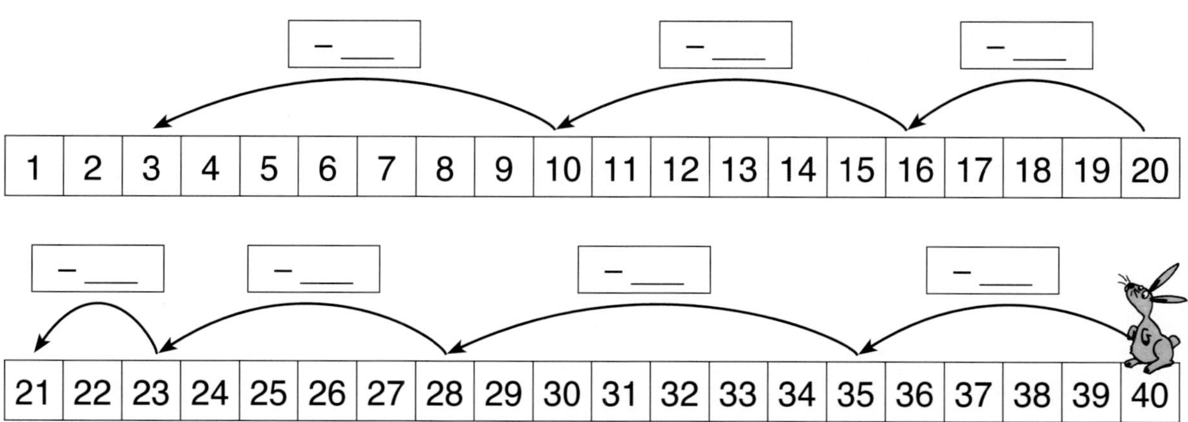

© Persen Verlag

Hamster-Labyrinth

Hilf Hamster Harry, durch das Labyrinth zum Schatz zu finden.

Berechne die Aufgaben, wenn du an eine Abzweigung kommst. Nur wenn das Ergebnis 15 lautet, bist du auf dem richtigen Weg.

Zeichne den Weg durch das Labyrinth ein.

Hanna Falkenstein: Lernwerkstatt Haustiere
© Persen Verlag

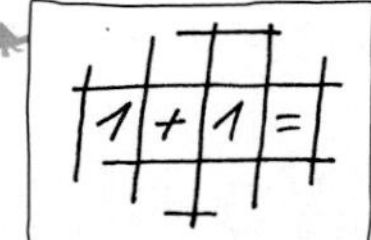

Wann gehen wir endlich Gassi?

Hunde gehen gerne pünktlich Gassi.
Verbinde die Hunde mit der passenden Uhr.

Ein Hund und eine Uhr bleiben übrig.
Verbinde auch diese beiden und zeichne die richtige Uhrzeit ein.

© Persen Verlag

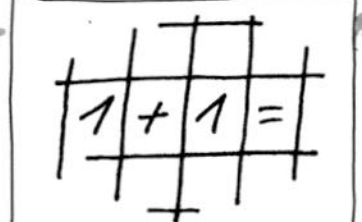

Wo sitzen Schildi und ihre Freunde?

Schildi Schildkröte und ihre Freunde haben es sich gemütlich gemacht.
Aber wo genau sitzen sie?

Trage die fehlenden Zahlen in die Schildkröten ein.

1	2	3	4		6		8	9	
11	12		14	15	16		18		20

									10
				15					20
				25					
				35					40
									50

Hanna Falkenstein: Lernwerkstatt Haustiere
© Persen Verlag

Die Geschichte unserer Haustiere (1)

Unsere heutigen Haustiere stammen von Wildtieren ab, das heißt, sie lebten ohne den Bezug zu Menschen in der Natur und mussten selbst für sich sorgen. Heute sind sie von uns abhängig und könnten in der natürlichen Umgebung ihrer Vorfahren ohne Hilfe nicht mehr überleben. Der Wolf ist ein typisches Beispiel für ein Wildtier.

Der Alltag der Menschen war früher beschwerlicher, es gab keine Autos oder Supermärkte. Sie verbrachten viel Zeit mit der Nahrungsbeschaffung. Irgendwann kamen sie auf die Idee, Tiere zu domestizieren, um das Leben zu vereinfachen. Durch das Domestizieren wird das Zusammenleben von Tier und Mensch ermöglicht. Ein Wildtier wird eingefangen und über viele Generationen hinweg gezähmt, um es an den Menschen und seine Zwecke anzupassen. Pferde waren früher ein wichtiges Transportmittel, Schweine lieferten Fleisch, Hühner Eier, Katzen fingen Mäuse aus der Scheune und Hunde bewachten Haus und Hof. Weil diese Tiere also den Menschen nützlich sind, nennt man sie auch „Nutztiere“.

Auch wenn heute oft Maschinen eingesetzt werden, gibt es doch immer noch einige Nutztiere: Kutschpferde, Hütehunde, Trüffelschweine und viele mehr.

Unsere Haustiere dienen aber in der Regel nicht mehr der Arbeitserleichterung, sondern leisten uns Gesellschaft in unserer Freizeit und sind richtige Familienmitglieder. Hunde begleiten uns bei Spaziergängen, Katzen kuscheln mit uns abends auf dem Sofa und Wellensittiche dürfen durch das Haus fliegen.

Sogar viele exotische Tiere leben bei uns: bunte Fische schmücken in beheizten Aquarien unsere Wohnzimmer, Bartagamen wohnen in großen Terrarien, und manchmal werden ganze Zimmer für ein Tier umgebaut, weil viele besondere Licht- und Wärmebedürfnisse haben. Schließlich handelt es sich bei den Exoten oft um Wildtiere – oder Nachzuchten aus fernen Ländern – mit ganz anderen klimatischen Bedingungen.

© Persen Verlag

Die Geschichte unserer Haustiere (2)

1 Lies den Text. Beantworte die Fragen.

a) Was ist der Unterschied zwischen Haustieren und Wildtieren?

____

____

____

b) Was bedeutet „domestizieren"?

____

____

____

c) Warum kam der Mensch auf die Idee, Tiere für sich arbeiten zu lassen?

____

____

____

d) Nenne drei unterschiedliche Nutztiere und ihre Aufgaben.

____

____

____

e) Welche Bedeutung haben Haustiere für uns heute?

____

____

____

2 Ordne die Wörter aus dem Kasten in der Tabelle richtig zu.

Schwein – Wolf – Hirsch – Kuh – Tiger – Katze – Schaf –
Meerschweinchen – Hund

Wildtiere	Nutztiere	Haustiere

Hanna Falkenstein: Lernwerkstatt Haustiere
© Persen Verlag

Kennst du uns?

❶ **Setze die fehlenden Buchstaben in die Namen der Tiere ein.**
❷ **Finde heraus, aus welchen Ländern diese Tiere ursprünglich stammen. Recherchiere hierfür im Internet oder im Lexikon.**
❸ **Schneide die Fotos aus und klebe sie an die richtigen Stellen.**

A	A	A	A	A	A	A	A	E	E	E	E	E	E	E	E	E	E	E	I	I	I	O	U

Mein Name ist M __ __ r- s c h w __ __ n c h __ n	Mein Name ist V __ g __ l s p __ n n __	Mein Name ist P __ p __ g __ __
Ich komme aus ________	Ich komme aus ________	Ich komme aus ________
Mein Name ist B __ r t __ g __ m __	Mein Name ist __ c h __ t s c h n __ c k __	Mein Name ist R __ n n m __ __ s
Ich komme aus ________	Ich komme aus ________	Ich komme aus ________

© Persen Verlag

Haustier-Steckbrief (1)

Anton stellt seiner Klasse sein Lieblingstier in der Klasse vor.

Name: Spock

Tierart: Chinesische Feuerbauchmolche
Aktuelles Alter: ca. 3 Jahre
Maximales Alter: 20 bis 25 Jahre

Beschreibung:
- Länge: etwa 8 bis 10 cm lang
- Aussehen: an der Oberseite schwarz und am Bauch rot mit schwarzen Flecken gefärbt
- sehr feine, beinahe glatte Haut

Besondere Kennzeichen:
leben sowohl im Wasser als auch an Land

Wichtige Regeln (Haltung, Futter, Pflege, usw.):
- mindestens paarweise halten, besser in kleinen Gruppen
- Haltung:
  - Aquarium mit einem kleinen Landteil (für junge Tiere)
  - Beckengröße: mindestens 40 cm Länge für 4 Tiere
  - dichte Bepflanzung und Höhlen zum Verstecken
  - Aquarium gut abdecken, damit keine Molche hinausklettern können (Gefahr des Vertrocknens)
- Nahrung: lebendiges Futter wie rote und weiße Mückenlarven, kleine Wasserflöhe, Regenwürmer, Fruchtfliegen u. Ä.
- Pflege
  - Wasser im Aquarium alle zwei Wochen zum Teil wechseln
  - Wassertemperatur nicht höher als 20 Grad
- Nicht in die Hand nehmen – es sind Tiere zum Beobachten, nicht zum Spielen oder Streicheln

Jetzt bist du an der Reihe! Vielleicht hast du selbst auch ein Haustier. Wenn nicht, überlege, welches Haustier du gerne hättest. Stelle es deiner Klasse vor.

Hanna Falkenstein: Lernwerkstatt Haustiere
© Persen Verlag

Haustier-Steckbrief (2)

Vervollständige den Steckbrief zu deinem Haustier oder deinem Wunsch-Haustier. Klebe auch ein Foto von ihm ein oder male ein Bild von ihm.

Name: ____________________

Tierart:

____

Aktuelles Alter: ____________________

Maximales Alter: ____________________

Beschreibung:

____

____

____

____

Besondere Kennzeichen:

____

____

____

Wichtige Regeln (Haltung, Futter, Pflege, usw.):

____

____

____

____

____

____

____

____

____

____

____

© Persen Verlag

Kleine Tier-Experten (1) – Aufgaben

Die bekanntesten Haustiere sind Hund, Katze oder Meerschweinchen. Hier lernst du nun einige Haustierarten kennen, die du vielleicht noch nicht kennst.

Wähle aus diesen sechs Haustierarten eine aus, die dich besonders interessiert:

- Hole dir die Infotexte zum gewählten Tier.
- Lies den Text.
- Beschrifte zu dem Tier die Körperteile in der Zeichnung.
- Fülle den Steckbrief zu dem Tier aus.

Weitere Hinweise zur Lerntheke finden Sie auf Seite 7.

© Persen Verlag

Kleine Tier-Experten (2) – Infotexte

Die Farbmaus

Die Farbmaus stammt von der meist grau-braunen Hausmaus ab und wird gerne als Haustier gehalten. Sie gehört zu den Säugetieren, ist ein Nagetier und ernährt sich hauptsächlich von Körnern und Saaten.
Eine Farbmaus erreicht eine Körperlänge von 8 bis 11 cm und ihr Schwanz ist ebenso lang. Sie erreicht ein Gewicht von 30 bis 60 Gramm und wird 1,5 bis 2 Jahre alt.
Mäuse können sehr gut hören und dabei die Ohren sogar unabhängig voneinander bewegen. Sie hören Geräusche, die uns Menschen verborgen bleiben und dank ihrer empfindlichen Tasthaare finden sie sich sogar in der Dunkelheit prima zurecht.
Farbmäuse dürfen nie einzeln gehalten werden, sondern nur in Gruppen. Auch wenn sie eher kleine Haustiere sind, brauchen sie doch ausreichend Platz. Ein Käfig von mindestens 80 × 50 × 80 cm reicht für etwa 4 Tiere, dabei ist auf einen Gitterabstand von maximal 0,8 cm zu achten, denn ansonsten können die Mäuse den Käfig verlassen. Der Käfig sollte keinem direkten Sonnenlicht ausgesetzt sein und Zugluftgeschützt stehen.
Da Mäuse sehr gut klettern können und viel Bewegung brauchen, muss es im Käfig Klettermöglichkeiten auf mehreren Etagen geben. Zusätzlich brauchen sie Häuschen und Versteckmöglichkeiten, denn ihre Aktivitäts- und Ruhephasen wechseln sich mehrmals täglich ab.

✂--

Die Ziege

Die Hausziege stammt von der Wildziege ab, die hauptsächlich in Gebirgsregionen anzutreffen ist. Sie gehört zu den Säugetieren, ist ein Paarhufer (= Tier mit 2 oder 4 Hufklauen) und Wiederkäuer (= Tier, dass die Nahrung einige Zeit nach dem Fressen wieder hochwürgt und erst dann richtig kaut). Männchen und Weibchen haben Hörner.
Zusammen mit den Schafen gehören Ziegen zu den ältesten Haustieren. Ziegen sind sehr genügsame Weidetiere und können ganzjährig im Freien leben. Sie können sehr gut klettern und sind wahre Ausbruchskünstler, wenn es darum geht, an frisches Gras zu kommen.
Eine Ziege erreicht eine Körperlänge von 1 bis 1,80 m und ein Gewicht von 25 bis 150 kg. Sie kann zwischen 10 und 15 Jahren alt werden und ernährt sich hauptsächlich von Gräsern und Kräutern.
Um eine Ziege zu halten, benötigt man eine Fläche von mindestens 1000 m^2, wobei zu bedenken ist, dass eine Ziege nie alleine gehalten werden darf. Sie braucht immer den Kontakt zu ihren Artgenossen. Zudem muss auf der Weide ein Stall oder Unterstand errichtet werden, der den Ziegen Schutz vor Nässe, Wind und starker Sonne bietet. Mindestens zweimal täglich benötigen die Ziegen frisches Wasser, regelmäßige Pflege und im Krankheitsfall natürlich auch einen Tierarzt.

© Persen Verlag

Kleine Tier-Experten (3) – Infotexte

Die Riesenhamsterratte

Die Riesenhamsterratten sind sehr große Nagetiere und leben eigentlich in Regenwäldern und im Buschland. Sie haben bräunliches Fell und einen hellen Bauch. Riesenhamsterratten sind Allesfresser und ernähren sich von Pflanzen, Insekten und Schnecken.
Sie sind eher Einzelgänger. Die Ratten erreichen eine Körperlänge von bis zu 45 cm, wobei ihr Schwanz nochmal so lang ist und sie können zwischen 1,4 und 2,5 kg schwer werden. Ihre Lebenserwartung liegt bei etwa 7 Jahren.

Riesenhamsterratten wurden ursprünglich gezähmt, um Landminen aufzuspüren. Sie sind sehr intelligent und haben einen ausgezeichneten Geruchssinn, sind aber zu leicht, um die Minen durch ihr Körpergewicht auszulösen. So sind sie dem Menschen eine große Hilfe in diesem Bereich.

Mittlerweile halten sich auch immer mehr Menschen privat Riesenhamsterratten. Allerdings benötigen die Tiere einen sehr großen Käfig oder besser eine umgebaute Voliere (= großer Vogelkäfig) und viel Zeit! Neben dem Platz und regelmäßigem Auslauf muss man auf eine abwechslungsreiche Ernährung mit Obst, Gemüse, Getreide und Eiweißen achten, sowie auf genügend Beschäftigung und Möglichkeiten zum Nagen.

Der Guppy

Der Guppy gehört zu den Zahnkärpflingen und ist ein sehr beliebter Süßwasser-Aquarienfisch. Ursprünglich stammt dieser Fisch aus der Karibik, man findet ihn aber auch an den nördlichen Küsten Südamerikas. Er ist lebendgebärend, das heißt er legt keine Eier wie die meisten anderen Fische.

Die Männchen erreichen eine Körperlänge von ca. 3 cm und sind kleiner, schlanker und farbenprächtiger als die Weibchen. Die Weibchen werden bis zu 6 cm groß. Sie können zwei bis drei Jahre alt werden.

Guppys sollte man in Gruppen halten. Hierbei muss man darauf achten, dass es deutlich mehr Weibchen als Männchen sind.

Das Aquarium braucht ein Volumen von mindestens 50 Litern und eine Wassertemperatur von ca. 20 bis 25 °C. Ein leistungsstarker Filter, wöchentliche Teilwasserwechsel und eine gute Sauerstoffversorgung sind sehr wichtig für die Gesundheit der Tiere. Sie halten sich meist in der mittleren und oberen Region des Aquariums auf, brauchen Platz zum Schwimmen, suchen aber auch den Schutz von Wasserpflanzen. Vor allem kleine Fische verstecken sich dort gerne. Da diese Fische Tageslicht lieben, muss 12 Stunden täglich für Beleuchtung gesorgt werden. Als Futter dienen rote Mückenlarven und spezielles Flockenfutter, am besten mehrmals in sehr kleinen Portionen.

© Persen Verlag

Kleine Tier-Experten (4) – Infotexte

Die Sumpfschildkröte

Es gibt viele unterschiedliche Arten von Sumpfschildkröten, zum Beispiel die Europäische Sumpfschildkröte und die Chinesische Dreikielschildkröte. Sumpfschildkröten sind weit verbreitete Reptilien und wie ihr Name bereits verrät, in sumpfigen Regionen anzutreffen.

Die Haltungsanforderungen sind genauso unterschiedlich wie die Arten und abhängig davon, wo die Tiere oder deren Vorfahren herkommen. Für manche artgeschützten und sogar meldepflichtigen Arten benötigt man spezielle Papiere.

Die Chinesische Dreikielschildkröte erreicht eine Panzerlänge von ca. 15 cm, aber es gibt auch Sumpfschildkröten die über 50 cm groß werden. Auch beim Alter gibt es große Unterschiede, mit 30 bis fast 100 Jahren werden sie aber nicht ganz so alt wie die meisten Landschildkröten.

In jedem Fall muss man sich vorher genau informieren, um zu erfahren, was die Schildkröte braucht. Manche können im Gartenteich leben, andere benötigen Aquaterrarien. Das sind große Aquarien mit integriertem Landteil, spezieller Beleuchtung, einer Heizung und einem Außenfilter. Viele Schildkrötenarten halten Winterruhe.

Sumpfschildkröten ernähren sich hauptsächlich von Insekten und kleinen Fischen und nehmen nur sehr kleine Mengen an pflanzlicher Nahrung zu sich. Im Handel gibt es aber auch spezielle Futterpellets.

Die Achatschnecke

Die große Achatschnecke gehört zu den Afrikanischen Riesenschnecken und ist mit einer Gehäuselänge von bis zu 20 cm und einer Körperlänge von bis zu 30 cm eine der größten Landschnecken der Welt. Sie können bis zu 10 Jahre alt werden.

Ihr Gehäuse ist meist braun und sie haben keine Zähne, sondern eine sogenannte Raspelzunge. Diese mit tausenden Zähnchen besetzte Zunge dient zur Aufnahme und Zerkleinerung der Nahrung.

Achatschnecken sind Allesfresser, ernähren sich aber überwiegend pflanzlich. Als Haustiere werden sie je nach Größe und Anzahl in einem geräumigen Terrarium gehalten und mit Gemüse, Obst, Salat, frischem Laub und Löwenzahn gefüttert. Außerdem muss genügend Kalk zugefüttert werden, da dieser sehr wichtig für das Gehäuse ist.

Die Schnecken sind nachtaktiv, daher ist eine Beleuchtung nicht notwendig. Die Terrarieneinrichtung darf nicht spitz sein, man benötigt einen weichen Bodengrund, sowie täglich frisches Wasser in einer flachen Schale. Das Terrarium darf niemals direktem Sonnenlicht ausgesetzt werden. Achatschnecken benötigen je nach Art eine gleichbleibende Temperatur von 20 bis 26 °C.

© Persen Verlag

Kleine Tier-Experten (5) – Zeichnungen

Beschrifte die Körperteile.
Nagezähne – Tasthaare – Schnauze – Ohren – Pfote – Bauch – Schwanz

Die Farbmaus

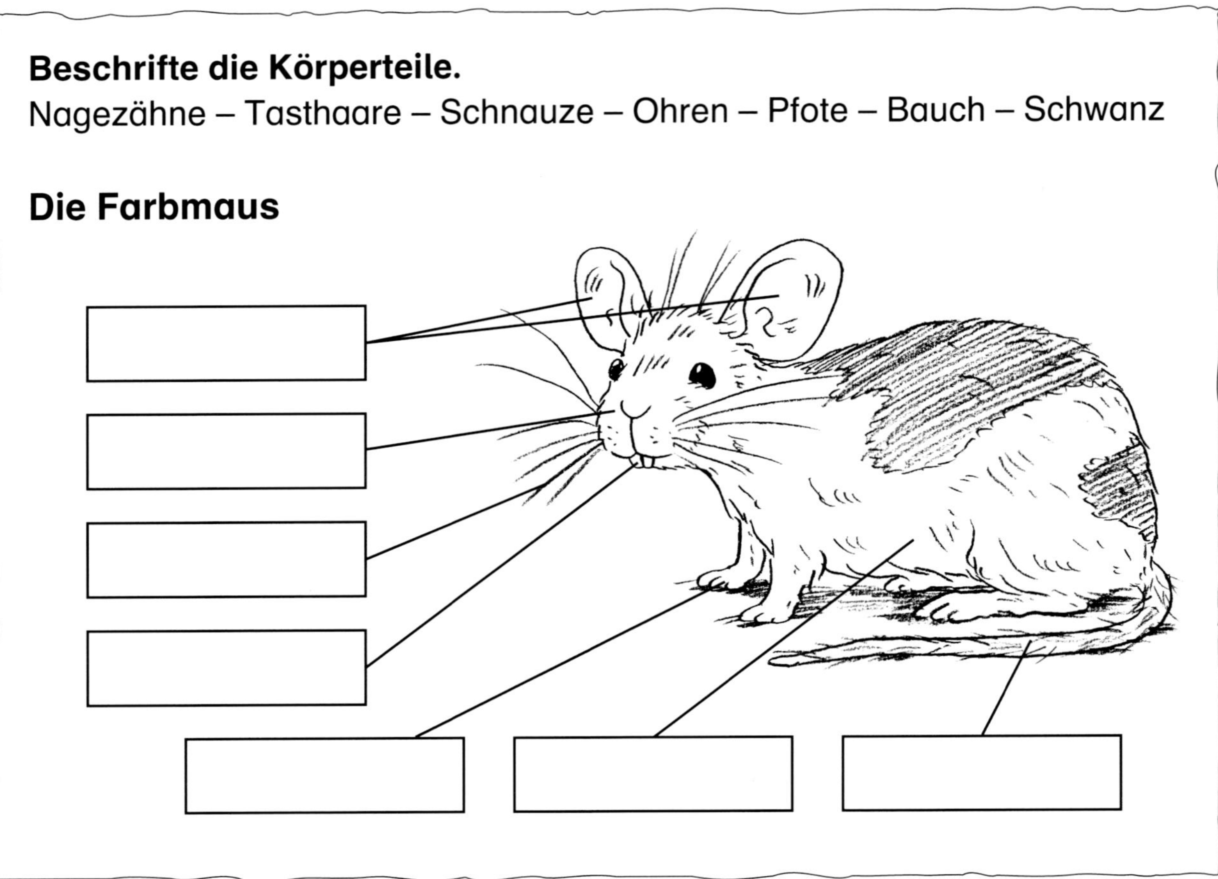

Beschrifte die Körperteile.
Kopf – Horn – Euter – Huf – Bart – Schwanz – Bauch

Die Ziege

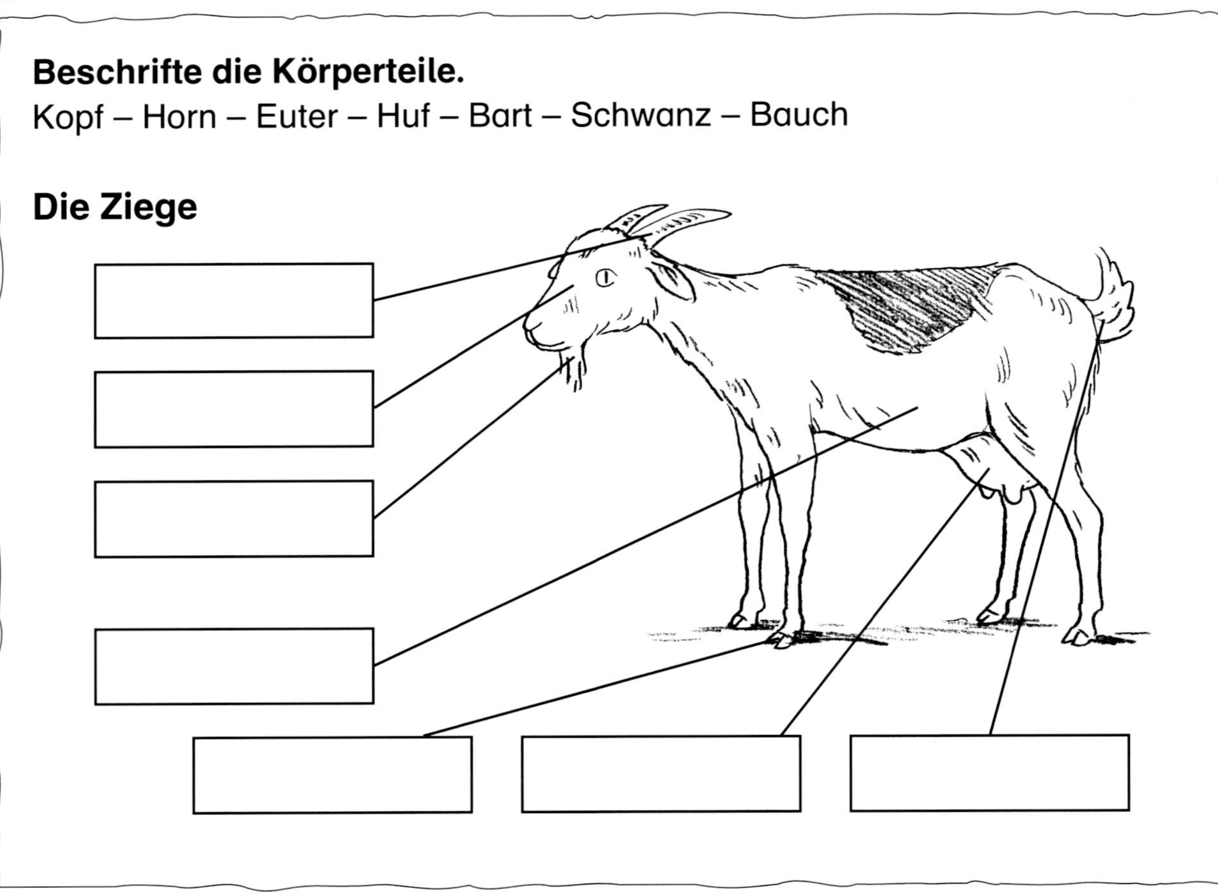

Hanna Falkenstein: Lernwerkstatt Haustiere
© Persen Verlag

Kleine Tier-Experten (6) – Zeichnungen

Beschrifte die Körperteile.
Nagezähne – Tasthaare – Ohr – Pfote – Kopf – Schwanz

Die Riesenhamsterratte

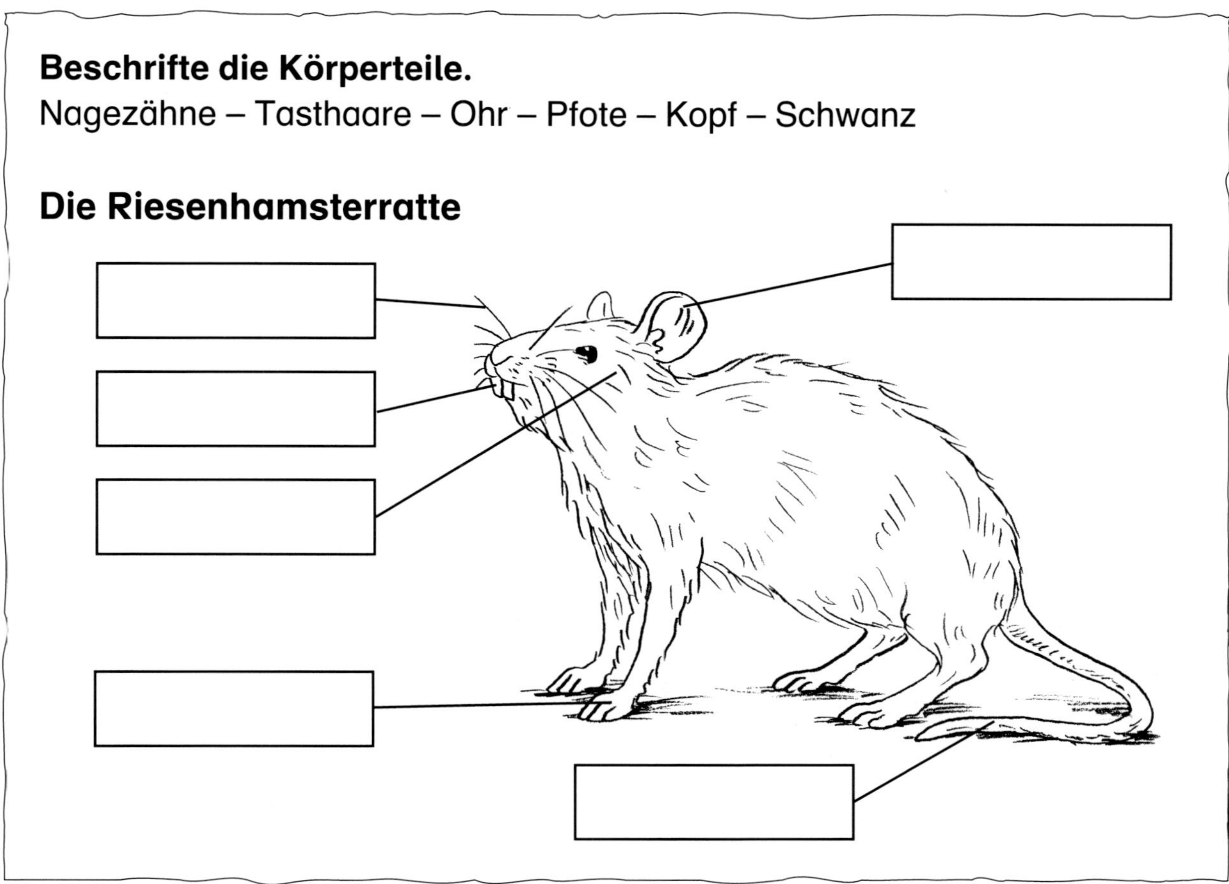

Beschrifte die Körperteile.
Kopf – Bauch – Auge – Rückenflosse – Schwanzflosse

Der Guppy

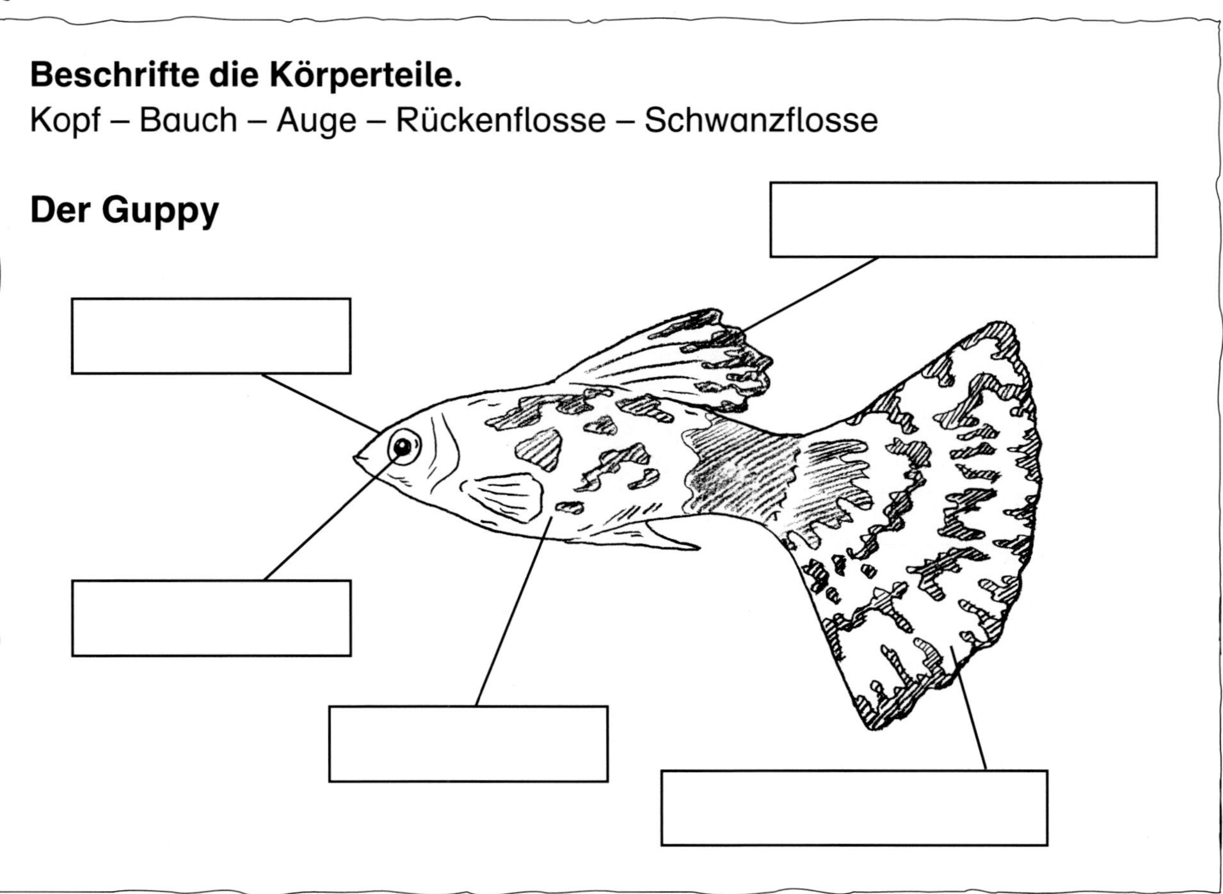

© Persen Verlag

Kleine Tier-Experten (7) – Zeichnungen

Beschrifte die Körperteile.

Kopf – Rückenpanzer – Krallen – Bauchpanzer – Schwanz – Nase

Die Sumpfschildkröte

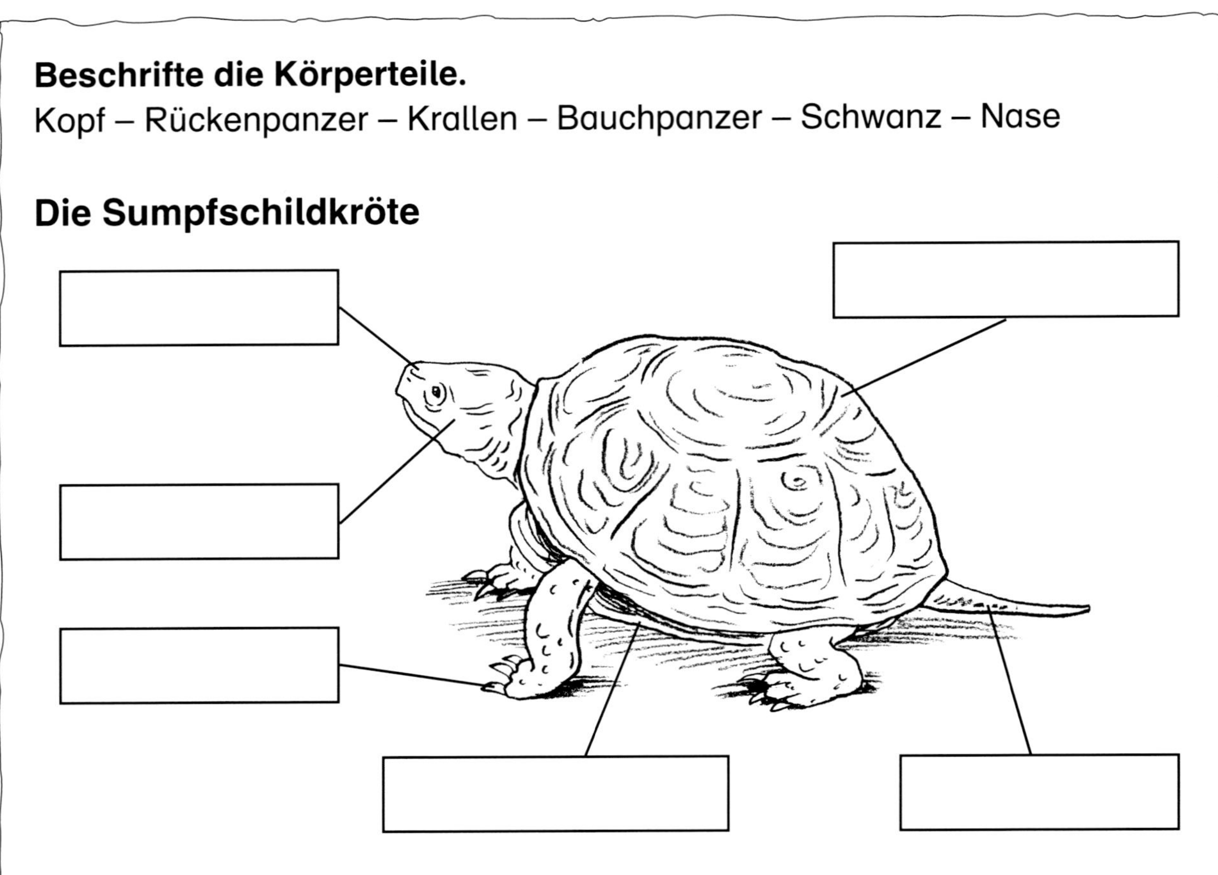

Beschrifte die Körperteile.

Gehäuse – Atemloch – Augenfühler – Tastfühler – Fuß – Kriechsohle – Mund

Die Achatschnecke

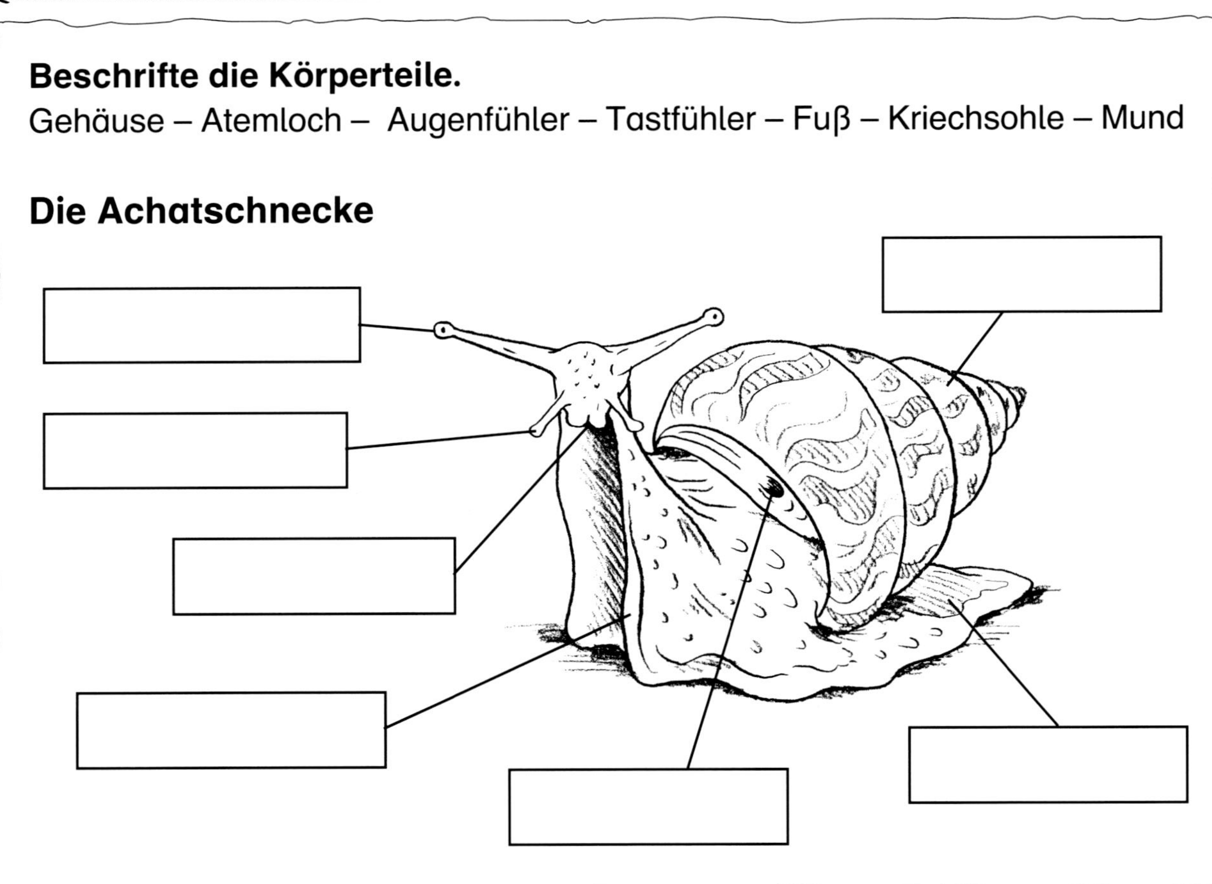

Hanna Falkenstein: Lernwerkstatt Haustiere

© Persen Verlag

Kleine Tier-Experten (8) – Steckbriefvorlage

Fülle den Steckbrief aus.

Name: ______________________________

Stammt ab vom: ______________________________

Größe: ______________________________

Gewicht: ______________________________

Lebenserwartung: ______________________________

Besonderheiten: ______________________________

____

____

____

____

____

Haltung und Pflege: ______________________________

____

____

____

____

____

© Persen Verlag

Haustier-Infoplakat

Erstelle ein Infoplakat zu einem Lieblings-Haustier.

❶ Wähle eine Haustierart aus, die dich besonders interessiert.

❷ Sammle in Zeitschriften, Sachbüchern oder im Internet Informationen und Bilder zu diesem Haustier.

❸ Werte die gefundenen Informationen aus:
Was erscheint dir am wichtigsten für dein Plakat?
Du kannst dich an diesen Fragen orientieren:

- Um welche Tierart handelt es sich?
- Was sind seine Besonderheiten (Herkunft, Aussehen, Lebensweise)?
- Was benötigt man, um das Tier zu Hause zu halten?
- Was magst du an diesem Tier besonders?

❹ Beginne mit der Erstellung des Plakates.

- Wähle eine passende Überschrift.
- Schreibe Stichworte oder möglichst kurze Sätze auf.
- Klebe aussagekräftige Fotos oder Zeichnungen auf dein Plakat.

❺ Stelle dein Plakat deinen Mitschülern vor.
Gebt euch gegenseitig Rückmeldung zu euren Plakaten:

- Was hat euch besonders gut gefallen?
- Welche Informationen haben gefehlt?
- Was ist euch selbst bei eurer Arbeit aufgefallen?

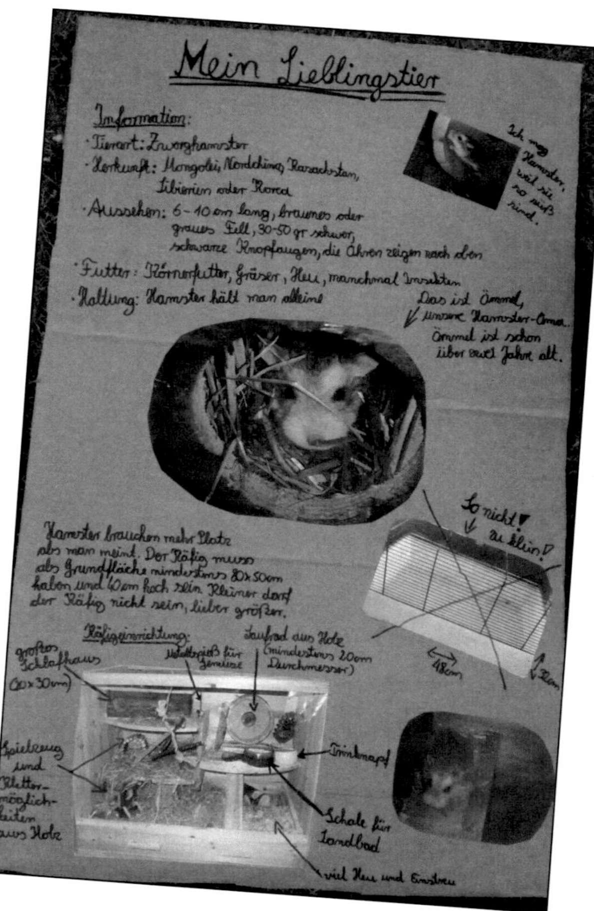

Hanna Falkenstein: Lernwerkstatt Haustiere
© Persen Verlag

Lilli hat Kätzchen!

Unsere Katze Lilli hat Junge bekommen. Fast neun Wochen lang war sie trächtig, so heißt das, wenn Katzen schwanger sind. Vor einigen Tagen haben wir ihr eine kuschelige Kiste eingerichtet, in der sie nun liegt. Sie putzt ihre fünf Jungen mehrmals täglich mit der Zunge, säugt und beschützt sie, denn die Kleinen sind noch ganz hilflos und öffnen erst nach einigen Tagen ihre Augen. Sobald die Jungen sehen, werden sie ihre Umgebung erkunden und viel von ihrer Mutter lernen, zum Beispiel das Springen, Jagen, oder das Gebrauchen ihrer Krallen.

Lies den Text. Beantworte die Fragen.

a) Wie nennt man es, wenn Katzen schwanger sind?

____

b) Warum sind die Jungen am Anfang so hilflos?

____

____

____

c) Wie kümmert sich die Mutterkatze um ihre Jungen in den ersten Tagen?

____

____

____

d) Was lernen die Kätzchen, wenn sie etwas älter sind?

____

____

____

____

© Persen Verlag

Polizeihund Heinz und Minensucher Fritz

Einige Tiere, die wir sonst nur als Haustiere kennen, haben so etwas Ähnliches wie „Berufe“. Hier lernst du zwei Beispiele kennen.

1 Lies die beiden Texte.

Heinz ist Polizeihund. Er musste während seiner Ausbildung sehr viel lernen: bestimmte Befehle befolgen, Dinge erschnüffeln, aber auch geduldig warten. Es gibt viele Polizeihunde. Sie helfen dabei, Diebe zu jagen, weil sie sehr schnell rennen können und sie können mit ihrer feinen Nase Geld oder Drogen aufspüren.

Fritz ist Minensucher. Er ist eine Riesenhamsterratte, lernt sehr schnell und hat einen ausgezeichneten Geruchssinn. Da er relativ leicht ist, kann er gefährliche Gebiete auf Landminen absuchen, ohne dabei diese durch sein Körpergewicht auszulösen. So hat Fritz schon vielen Menschen das Leben gerettet.

2 Welche weiteren Beispiele fallen dir ein, bei denen Tiere wichtige Aufgaben übernehmen?

a) Recherchiere im Internet oder in Büchern. Notiere die Beispiele.

____

____

____

b) Beschreibe so ein Tier wie in den Beispielen oben.

____

____

____

____

____

____

____

____

© Persen Verlag

Haltung von Haustieren

Wenn man ein Haustier hat, muss man sich um viele Dinge kümmern. Verschiedene Tiere haben unterschiedliche Bedürfnisse.

Lies die Beschreibungen. Setze die passenden Haustiere in die Lücken ein.

Ich bin ein F __ __ __ __.
In meinem Aquarium muss regelmäßig der Filter gereinigt und die Wassertemperatur überprüft werden.

Ich bin ein K __ __ __ __ __ __ __ __ __ __.
Mich sollte man nie alleine halten, denn ich mag Gesellschaft. Ich brauche viel Grünfutter und Heu.

Ich bin eine K __ __ __ __.
Meine „Toilette" muss täglich gereinigt werden. Ich benötige Möglichkeiten, mit meinen Krallen zu kratzen.

Ich bin ein H __ __ __.
Ich muss mehrmals täglich Gassi gehen. Mein Fell sollte regelmäßig gebürstet oder gekämmt werden, damit es nicht verfilzt.

Ich bin eine M __ __ __.
Ich mag nicht alleine gehalten werden. Man muss mich vor direkter Sonne schützen. Mein Käfig darf nicht zu klein sein und sollte viele Möglichkeiten zum Klettern und Verstecken bieten.

Extra: Die meisten Haustiere brauchen mehr als nur Nahrung und Bewegung. Überlege dir mit einem Partner, was sonst noch wichtig ist. Denkt dabei an:

Erziehung (z. B. bei Hunden) – Fellpflege –
Ruhezeiten – artgerechte Beschäftigung
Tierarztbesuche – Impfungen

© Persen Verlag

Meine Flugkatze und deine Glitzermaus

Es gibt so viele unterschiedliche und wunderbare Haustiere, aber in deiner Fantasie gibt es sicher viel mehr!
Von welchem Tier träumst du? Welches Haustier sollte es deiner Meinung nach unbedingt geben? Vielleicht eine fliegende Katze? Oder eine glitzernde Maus? Ein Pferd mit goldenen Hufen und silberner Mähne? Oder auch Drachen die Feuer spucken?

❶ **Denke dir ein Fantasie-Tier aus.**
Welche Eigenschaften findest du besonders wichtig und schön (weiches Fell, glitzernde Ohren, starke Pfoten, Schnelligkeit, usw.)?

____

____

❷ **Wie möchtest du deine erfundene Tierart nennen?**

____

❸ **Beschreibe dein Traumtier in wenigen Sätzen.**

____

____

____

____

____

____

____

❸ **Schneide nun aus Zeitschriften passende Bilder aus und erstelle daraus eine Collage.**

Am Ende könnt ihr eure Tiere im Klassenzimmer aufhängen und euch Geschichten dazu ausdenken.

Hanna Falkenstein: Lernwerkstatt Haustiere
© Persen Verlag

Haustier-Spielzeuge selber basteln (1)

Spielzeug für Katzen

Du benötigst:
Ein Paar alte Socken, Bindfaden,
4–5 Federn (Bastelladen),
zwei Glöckchen, Schere

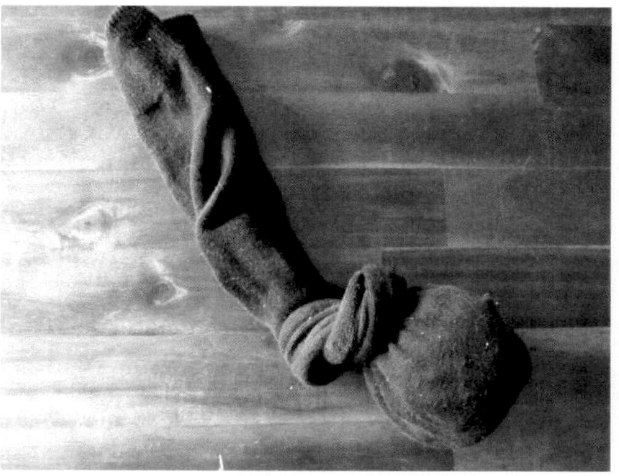

Schritt 1:
Zerknülle eine der beiden Socken und stopfe sie in die zweite Socke, so dass ein Knubbel entsteht. Verknote das lange Ende der zweiten Socke lose. Der Knoten sollte möglichst tief sitzen.

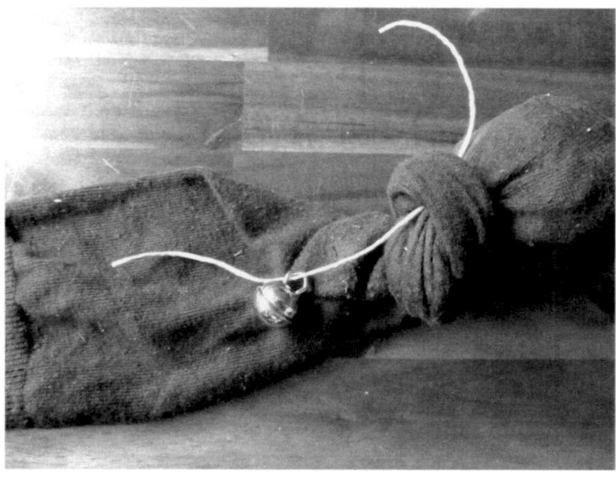

Schritt 2:
Fädele die Glöckchen auf zwei Fäden. Verknote diese Fäden mit der losen Schlaufe des Knotens in der Socke. Stecke die Federn ebenfalls in die lockere Schlaufe des Knotens.

Schritt 3:
Ziehe den Knoten in der Socke richtig fest. Das Katzenspielzeug ist nun fertig!

© Persen Verlag

Haustier-Spielzeuge selber basteln (2)

Spielzeug für Hunde

Du benötigst:
Ein Paar alte Socken, Stoffreste oder breite Bänder , 4–5 Federn (Bastelladen), Schere

Schritt 1:
Zerknülle eine der beiden Socken und stopfe sie in die zweite Socke, so dass ein Knubbel entsteht. Verknote das lange Ende der zweiten Socke lose. Der Knoten sollte möglichst tief sitzen.

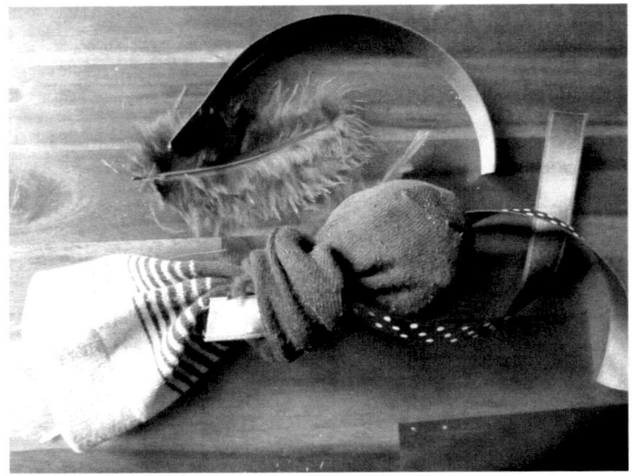

Schritt 2:
Schneide die Stoffreste oder Bänder in drei Streifen von ca. 20 cm Länge und 1 cm Breite. Stecke die Federn in die lockere Schlaufe des Knotens an der Socke. Stecke die Stoffstreifen oder Bänder ebenfalls in die lose Schlaufe des Knotens.

Schritt 3:
Ziehe den Knoten in der Socke richtig fest. Schneide das lange Ende etwa 5 cm über dem Knoten ab. Das Hundespielzeug ist nun fertig!

Hanna Falkenstein: Lernwerkstatt Haustiere
© Persen Verlag

Haustier-Spielzeuge selber basteln (3)

Klettertau für kleine Nager oder Vögel

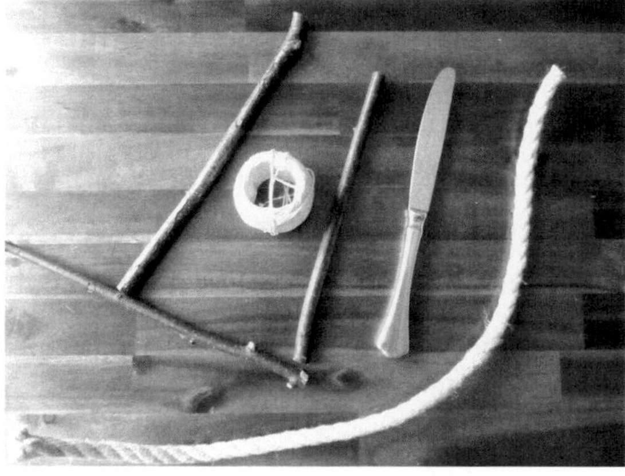

Du benötigst:
Ein Seil (50–60 cm lang, 1 cm Durchmesser), drei gründlich gewaschene, etwa 15–20 cm lange und 0,5 cm dicke Stücke von für Nager und Vögel ungiftigen Ästen (z. B. Birke, Haselnuss, Apfelbaum), Messer, Bindfaden oder Draht

Schritt 1:
Verknote das obere und das untere Ende des Stricks. Löse mit dem Messer vorsichtig an drei Stellen die Verästelungen des Seils, so dass jeweils eine Lücke entsteht.

Schritt 2:
Stecke die Äste in die Lüken im Seil. Führe durch einen der beiden Knoten im Seil den Bindfaden oder Draht. Damit kann das Kletterseil am Tierkäfig befestigt werden. Fertig!

© Persen Verlag

Haustier-Spielzeuge selber basteln (4)

Nager-Zapfen

Du benötigst:
einen gut abgewaschenen und getrockneten Kiefern- oder Fichtenzapfen (ohne Harz!), eine Hand voll für Nager ungiftige Kräuter und Gräser (z. B. Gänseblümchen, Löwenzahn, Gräser), gut abgewaschenes Heu, einen Esslöffel Nagerfutter

Schritt 1:
Lasse das Nagerfutter vorsichtig in die Zwischenräume des Zapfens rieseln.

Schritt 2:
Flechte nun das Gras, den Löwenzahn und das Heu in die Zwischenräume des Zapfens. So wird verhindert, dass das Nagerfutter wieder herausfällt. Mit den Gänseblümchen kannst du deinen Zapfen verzieren. Fertig ist das Nagerspielzeug!

© Persen Verlag

Unsere Geburtstags-Schlange

Schlangen sind eher ungewöhnliche Haustiere. Es gibt sie in vielen Größen und Farben, manche sind harmlos, andere giftig und gefährlich.

Wie wäre es mit einem ungewöhnlichen Geburtstagskalender für eure Klasse? Bastelt eine „Geburtstagsklassenschlange" – garantiert ungiftig!

Jeder gestaltet einen Teil der Schlange und trägt seinen Namen und sein Geburtsdatum ein.
Verwendet dazu die Vorlage unten auf der Seite als Grundlage.

Am Ende klebt ihr jeweils euren Teil – in Schlangenform – zusammen auf ein großes Poster – und fertig ist die Geburtstagsklassenschlange!

Wichtig: Wer als erstes im Schuljahr Geburtstag feiert, muss natürlich auch den Anfang der Schlange gestalten!

© Persen Verlag

Das Tierorchester

Kann man mit einer Blockflöte einen Papagei nachmachen?
Mit der Oboe eine Ente?
Wie klingt zum Beispiel eine Ente für dich? Oder eine Ziege?

Überlege, welche Tiere zu den folgenden Instrumenten passen. Schreibe auf.

Die Blockflöte klingt wie ein(e) ______________________________.

Die Querflöte klingt wie ein(e) ______________________________.

Die Oboe klingt wie ein(e) ______________________________.

Das Schlagzeug klingt wie ein(e) ______________________________.

Das Xylophon klingt wie ein(e) ______________________________.

Die Geige klingt wie ein(e) ______________________________.

Das Klavier klingt wie ein(e) ______________________________.

Die Trompete klingt wie ein(e) ______________________________.

Die Gitarre klingt wie ein(e) ______________________________.

Die Triangel klingt wie ein(e) ______________________________.

Ente – Ziege – Vogel – Spinne – Maus – Bär – Schmetterling – Katze – Elefant – Löwe – Frosch

© Persen Verlag

Das Haustierlied

Sunny Rocket – Sophie, die hat 'nen Hamster

Strophe:

C Dm
Ich hab zu Haus 'ne kleine Maus,
G C
die ist immer für mich da.
C Dm
Ich red mit ihr, sie hört mir zu.
G C
das find' ich wunderbar

Refrain

C Dm
Sophie die hat 'nen Hamster
G C
Und Timo hat 'nen Hund
C Dm
und Anna hat ein rosa Schwein,
G C
und das ist kugelrund

Strophe:

C Dm
Wenn ich aus der Schule komm,
G C
ist sie schon zu Haus.
C Dm
Und wenn sie manchmal Unsinn macht,
G C
Macht mir das gar nichts aus.

Refrain

Strophe:

C Dm
Wenn ich manchmal traurig bin,
G C
Macht's meiner Maus nichts aus.
C Dm
Sie tröstet mich und tanzt mit mir
G C
durch das ganze Haus.

Refrain

Strophe:

C Dm
das Lied ist nun zu Ende
G C
doch eines sage ich Euch:
C Dm
Ein Haustier ist ein echter Freund,
G C
ein echter Freund für Euch.

© Ralf Beitzinger

Denkt euch gemeinsam eine einfache Choreografie zu dem Lied aus.

Mit einer Choreografie sind einstudierte Bewegungen gemeint, eine Art gemeinsamer Tanz.
Bei bestimmten Wörtern im Lied könnt ihr dazu passende Bewegungen machen, z. B.:

- zeigt auf euch selbst bei dem Wort „Ich“
- nehmt euch gegenseitig an die Hand bei dem Wort „Freund“

Our Pets

Match the pictures with the words.

- guinea pig
- cat
- horse
- mouse
- turtle
- dog
- fish
- rat
- rabbit
- hamster

Hanna Falkenstein: Lernwerkstatt Haustiere
© Persen Verlag

The mouse is grey

Listen carefully.
Paint the animals with the right colour.

①	②
③	④
⑤	⑥
⑦	⑧

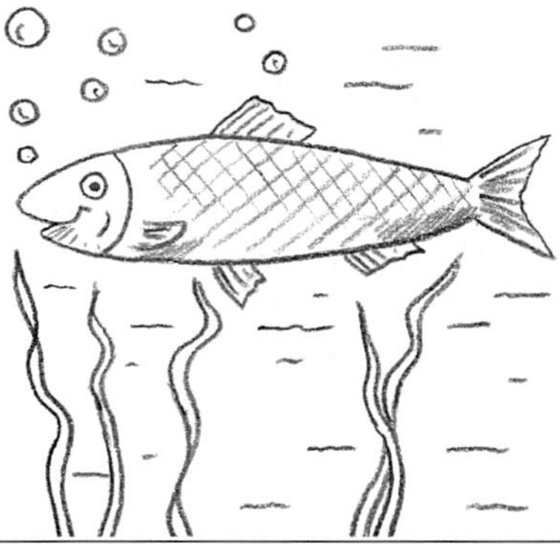

Die Vorlesetexte befinden sich in den Hinweisen auf Seite 8.

© Persen Verlag

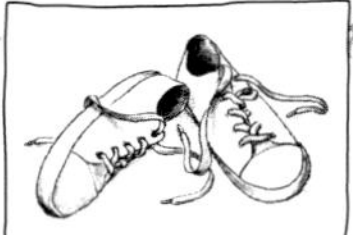

Tierlauf

Vorbereitung

Die Kinder bilden einen Kreis um Sie herum.
Sprechen Sie die folgenden Sätze laut aus und führen Sie dabei folgende Bewegungen den Kindern vor:

Satz	**Bewegung**
Der Hund läuft.	aufrecht schnell gehen
Das Kaninchen reckt sich.	Arme in Pfötchenstellung
Die Schlange kriecht.	auf dem Bauch liegen und schlängeln
Der Fisch schwimmt.	aufrecht gehen, Schwimmbewegung mit den Armen
Die Schildkröte schleicht.	auf allen Vieren langsam laufen
Der Vogel fliegt.	aufrecht, mit den Armen flattern
Die Maus sitzt.	still sitzen

Spielverlauf

Die Kinder gehen langsam im Uhrzeigersinn um Sie herum.
Rufen Sie abwechselnd die unterschiedlichen Tiere auf.
Die Kinder sollen diese nun wie einstudiert nachahmen.
Der Schwierigkeitsgrad kann je nach Anzahl der Tiere und Häufigkeit des Wechsels variiert werden, z. B. können die Tiere schnell hintereinander aufgerufen werden.
Wer am längsten ohne Fehler durchhält, bekommt eine Medaille.

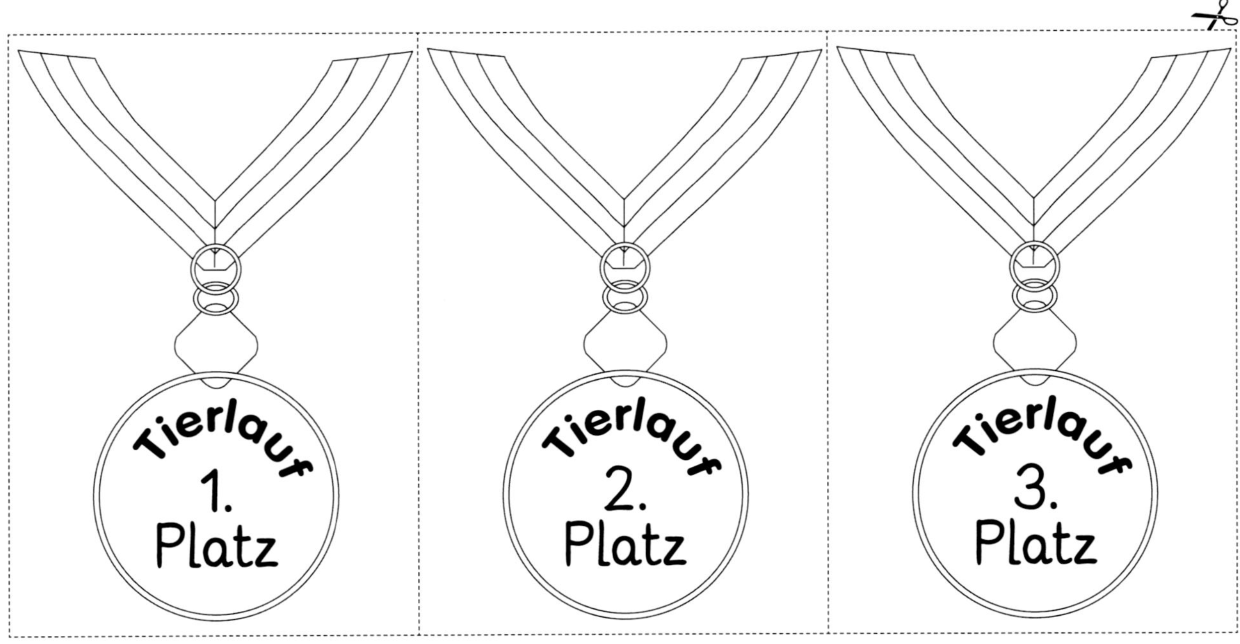

Hanna Falkenstein: Lernwerkstatt Haustiere
© Persen Verlag

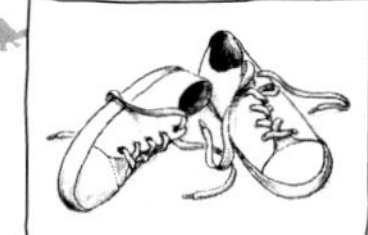

Katz und Maus

Spielregeln

1. Alle Spieler ziehen eine Karte. Es gibt Mäusekarten und Katzenkarten. Bist du eine Maus? Oder bist du eine Katze? Verrate es keinem, denn du weißt nicht, wer von deinen Mitschülern eine Katze und wer eine Maus ist!
2. Legt das Kärtchen mit dem Käsestück in eine Ecke des Raumes.
3. Die Mäuse versuchen so schnell wie möglich zum Käsestück zu gelangen. Die Katzen müssen alle Mäuse fangen, bevor die den Käse erreichen. Zum Fangen genügt es, wenn die Maus leicht angetippt wird. Fangen sich zwei Katzen, sagt eine „Miau".
4. Jede gefangene Maus muss sich auf den Boden setzen und bis zum Spielende sitzen bleiben.
5. Sitzen alle Mäuse, haben die Katzen gewonnen. Sobald eine Maus den Käse erreicht, gewinnen die Mäuse.

© Persen Verlag

Minka und Frau Müller

❶ Lies den Text.

Jeden Morgen trifft Leon auf dem Schulweg Minka. So heiβt Frau Müllers Katze. Minka ist weiβ und hat schwarze Ohren, schwarze Pfoten und einen groβen schwarzen Fleck auf der linken Seite. Frau Müller ist schon etwas älter, hat einen grauen Zopf und meistens eine geblümte Schürze an. Minka und Frau Müller wohnen nur ein paar Häuser weiter und morgens sitzt Minka entweder auf der Treppe vor der Haustür, auf der Gartenmauer oder manchmal auch am Fenster im kuscheligen Wohnzimmer. Leon freut sich immer, wenn er die hübsche Katze trifft. Streicheln lässt sich Minka aber nur von Frau Müller.
Eines Morgens sucht Leon vergeblich nach der Katzendame.
Auch am nächsten Tag und die ganze Woche – keine Spur von Minka. Leon wundert sich sehr und schaut am Samstag nochmal nach. Schlieβlich kommt Frau Müller aus dem Haus, einen Korb mit Blumen und eine kleine Schaufel in der Hand. Sie sieht traurig aus. Leon nimmt seinen ganzen Mut zusammen und fragt nach Minka. „Minka war sehr, sehr alt. Sie ist letzten Freitag gestorben“, erklärt Frau Müller und wischt sich eine Träne aus dem Augenwinkel. „Sie lag immer so gerne unter den Rosenbüschen, deshalb möchte ich gleich diese hier auf ihr Grab pflanzen“, sagt sie und zeigt auf die Blumen im Korb „Magst du mit mir zum Tierfriedhof kommen und helfen?“

❷ Sprecht in der Klasse darüber:

- Warum hat Frau Müller ihre Katze auf dem Tierfriedhof begraben?
- Wie stellt ihr euch einen Tierfriedhof vor? Kennt ihr einen Tierfriedhof und habt ihr schon mal einen gesehen?

Du hast die Geschichte von Frau Müller und ihrer Katze Minka gelesen. Frau Müller ist traurig, das ist ganz normal. Sie pflanzt Rosen auf Minkas Grab und geht oft zum Tierfriedhof. Als Leon am nächsten Tag seinen Freund Matis trifft, erzählt er ihm von dem Tierfriedhof.

- Was haltet ihr davon, Tiere auf einem Friedhof zu beerdigen?

Aber ein Tier kann man genauso gernhaben wie einen Menschen, finde ich. Da ist es doch normal, wenn man sich von ihm in einer besonderen Weise verabschieden möchte.

Also ich finde Friedhöfe für Tiere doof. Tiere sind ja schließlich keine Menschen.

Hanna Falkenstein: Lernwerkstatt Haustiere
© Persen Verlag

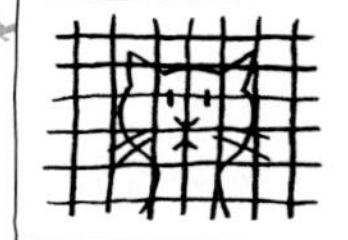

Der Welpe ist da! (1)

Es ist für alle ein aufregendes Ereignis, wenn ein Hundewelpe ein neues Zuhause bekommt. Hier erfährst du ein paar wichtige Tipps, was dabei zu beachten ist.

Knacke den Code und setze die fehlenden Wörter in den Text ein. Zu jeder Zahl gehört ein Buchstabe.

A	B	C	D	E	F	G	H	I	J	K
20	13	16	6	11	18	5	9	15	4	12

L	M	N	O	P	R	S	T	U	W	Z
3	17	2	10	7	14	1	8	19	21	22

Regeln für die ersten Tage mit dem Welpen

Bevor man den Hund abholt, muss die Wohnung _ _ _ _ _ _ _ _ _ _ _ _ (21 11 3 7 11 2 1 15 16 9 11 14) gemacht werden: Elektrische _ _ _ _ _ (12 20 13 11 3), giftige _ _ _ _ _ _ _ _ (7 18 3 20 2 22 11 2) und andere Haustiere (z. B. Hamster) sollten außer _ _ _ _ _ _ _ _ _ _ (14 11 15 16 9 21 11 15 8 11) des Welpen gebracht werden. Rechne damit, dass der Hund Möbel und sonstige Gegenstände _ _ _ _ _ _ _ _ _ _ (20 2 12 2 20 13 13 11 14 8).

Die neue _ _ _ _ _ _ _ _ (19 17 5 11 13 19 2 5) ist für den Hund ungewohnt. Er ist von seinem _ _ _ _ _ (14 19 6 11 3) getrennt und hat deshalb vielleicht Angst. Gib dem Hund Zeit, sich einzugewöhnen. Er möchte nicht ständig _ _ _ _ _ _ _ _ _ _ _ _ (5 11 1 8 14 11 15 16 9 11 3 8) und angesprochen werden. Natürlich möchte jeder das neue Familienmitglied kennenlernen. Aber gerade in den ersten Tagen braucht der Welpe seine _ _ _ _ (14 19 9 11) und sollte von _ _ _ _ _ _ (1 8 14 11 1 1) ferngehalten werden.

© Persen Verlag

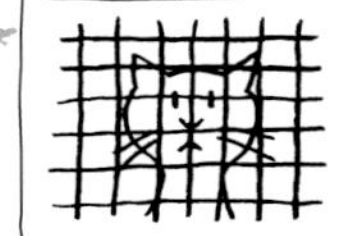

Der Welpe ist da! (2)

Also, auch wenn es schwerfällt, _ _ _ _ _ _ _ von
13 11 1 19 16 9 11

Verwandten und Freunden in der Anfangszeit vermeiden!

Keine Panik, falls der Hund nur wenig essen mag. Das ist gerade in

den ersten Tagen _ _ _ _ _ _. Erwachsene Hunde können problemlos
2 10 14 17 20 3

sogar mehrere Tage völlig ohne _ _ _ _ _ _ _ überstehen.
2 20 9 14 19 2 5

Die meisten Hundewelpen sind anfangs nicht _ _ _ _ _ _ _ _ _ _.
1 8 19 13 11 2 14 11 15 2

Statt den Hund in der _ _ _ _ _ _ _ sein „Geschäft" auf Zeitungspapier
21 10 9 2 19 2 5

oder in ein _ _ _ _ _ _ _ _ machen zu lassen, sollte man von
9 19 2 6 11 12 3 10

_ _ _ _ _ _ an mit ihm nach draußen gehen, wenn er muss. Man erkennt
13 11 5 15 2 2

dies meist daran, sobald er anfängt ganz _ _ _ _ _ _ _ _ _ an einer Stelle
20 19 18 5 11 14 11 5 8

zu schnüffeln. Du musst also den _ _ _ _ genau _ _ _ _ _ _ _ _ _ _
9 19 2 6 13 11 10 13 20 16 9 8 11 2

und immer bereit sein, schnell mit ihm nach draußen gehen zu können. Und

wenn es doch einmal passiert, dass er in die Wohnung macht – nicht mit dem

Hund _ _ _ _ _ _ _ _ _!
1 16 9 15 17 7 18 11 2

Wenn der Kleine schläft, solltest du ihn nicht _ _ _ _ _ _.
21 11 16 12 11 2

Das bedeutet für den Welpen viel Stress. Junge Hunde

benötigen übrigens etwa 20 Stunden _ _ _ _ _ _ am Tag!
1 16 9 3 20 18

Hanna Falkenstein: Lernwerkstatt Haustiere

© Persen Verlag

Mit Haustieren richtig umgehen (1)

Was würden Tiere wohl über uns Menschen sagen, wenn sie sprechen könnten?

Mein Frauchen findet es total süß, wenn ich ein Schleifchen und ein Glitzerhalsband trage. Aber mir gefällt das überhaupt nicht. Sie trägt mich ständig auf dem Arm oder in ihrer Handtasche herum, dabei würde ich viel lieber selbst laufen und in Ruhe herumschnüffeln. Einmal pro Woche wäscht Frauchen mich in der Badewanne. Das Schampoo riecht fürchterlich. Eigentlich muss ich gar nicht baden, denn für uns Hunde ist der natürliche Eigengeruch sehr wichtig. Mein Tagesablauf ist meistens sehr langweilig, denn außer Gassi gehen, fressen und schlafen habe ich kaum etwas zu tun. Dabei hat mein Frauchen ganz viel Hundespielzeug gekauft, mit dem wir super zusammen spielen könnten! Außerdem hat sie einen großen Garten, in dem man gut Leckerlies verstecken und suchen könnte. Das würde mir sehr gefallen, sie macht es aber leider nicht. Die meiste Zeit ist Frauchen zwar nett zu mir, aber manchmal schreit sie mich plötzlich an, wenn ich belle. Eigenartige Lebewesen, diese Menschen!

Meine Besitzer geben wenig Geld für ihre Haustiere aus. Deshalb haben sie auch wohl den billigsten Käfig gekauft, der viel zu klein für mich ist. Die Einrichtung ist auch sehr sparsam, denn ich habe kaum Möglichkeiten zum Klettern, Buddeln und Verstecken. Sobald die Kinder aus der Schule kommen, holen sie mich zum Spielen aus dem Käfig heraus. Dabei schlafe ich sonst immer um diese Zeit und werde erst abends richtig wach! Max ist besonders schlimm: Er wirft mich gerne in die Luft und drückt mich viel zu stark beim Spielen. Da kriege ich immer Angst, denn wir Hamster können uns leicht verletzen.

Lies die beiden Texte. Arbeitet zu zweit.

1. **Worüber „beschweren“ sich die beiden Tiere in den Beispielen?**
2. **Überlegt euch zehn Regeln für den richtigen Umgang mit Haustieren. Tragt sie in das zweite Blatt ein.**

© Persen Verlag

Mit Haustieren richtig umgehen (2)

© Persen Verlag

Im Tierheim

Das Thema „Tierheim“ sollte gemeinsam mit den Schülerinnen und Schülern im Plenum erarbeitet werden. Führen Sie die Kinder mit Einstiegsfragen wie „Wisst ihr was ein Tierheim ist?“ oder „War jemand von euch schon einmal in einem Tierheim?“ an die Thematik heran.

Der Film „Carolin im Tierheim“ ist besonders für den Unterrichtseinsatz zu empfehlen.[1] Der Film handelt von einem jungen Mädchen, das ein Kurzpraktikum im Berliner Tierheim absolviert. Es werden verschiedene Bereiche des Tierheimes vorgestellt und man erhält einen Einblick in den Alltag und die Arbeit des Tierpflegers.

Im Anschluss an den Film ist eine Gesprächsrunde empfehlenswert, in der die Kinder Fragen stellen können, Eindrücke ausgetauscht werden und die Lehrkraft verschiedene Begriffe (zum Beispiel Fundtiere, Spenden, Finanzierung, usw.) erläutert. In dem Unterrichtsgespräch sollen die Schülerinnen und Schüler auch ihre eigenen Erfahrungen zum Thema „Tierheim“ mitteilen können und das Formulieren der eigenen Meinung üben.

Mögliche Fragestellungen für ein Unterrichtsgespräch zum Thema „Tierheim“

- Findet ihr es wichtig, dass es Tierheime gibt?
- Was würde passieren, wenn es keine Tierheime gäbe?
- Hat eure Familie ein Tier aus dem Tierheim oder kennt ihr jemanden, der ein Haustier aus dem Tierheim hat? Wenn ja, was erzählen sie darüber?
- Falls ihr schon einmal ein Tierheim besucht habt: Was hat euch im Tierheim gut gefallen und was nicht so gut?
- Manche Leute würden sich keinen Hund aus dem Tierheim holen, sondern lieber vom Züchter. Woran könnte das eurer Meinung liegen?

Möglichkeit zur Weiterarbeit

Gibt es bei in Ihrer Nähe ein Tierheim, dass Ihrer Schule oder Klasse unterstützen könnten? Starten Sie eine Tierheimaktion und sammeln Sie Sachspenden.

[1] Der Film ist im Internet unter diesem Link verfügbar: https://www.planet-schule.de/sf/filme-online.php?reihe=1025&film=8265

© Persen Verlag

Selbsttest: Welcher Haustiertyp bin ich? (1)

1. Wie viel Zeit hast du für ein Haustier?

Ⓐ Täglich zwei Stunden oder mehr.
Ⓑ Täglich etwa eine halbe Stunde, am Wochenende mehr.
Ⓒ Ich habe nur ein bis zwei Mal in der Woche etwa eine Stunde Zeit.
Ⓓ Ich habe gar keine Zeit.

2. Was möchtest du mit einem Haustier machen können?

Ⓐ Ich will ein Tier, mit dem ich ganz viel toben und rennen kann.
Ⓑ Ich möchte ein niedliches Tier, das vielleicht sogar irgendwann zahm wird.
Ⓒ Mir genügt es, wenn ich das Tier beobachten kann.
Ⓓ Tiere interessieren mich eigentlich nicht besonders.

3. Hast du oder jemand bei dir zur Hause Allergien?

Ⓐ Bei uns zu Hause hat niemand Tierhaarallergien.
Ⓑ Ich oder jemand aus meiner Familie ist gegen bestimmte Tierhaare allergisch.
Ⓒ Ja, ich oder jemand bei mir zu Hause ist gegen alle Tierhaare allergisch.
Ⓓ Egal, ich möchte kein Tier.

4. Wie lange wäre ein Tier jeden Tag bei dir zu Hause alleine?

Ⓐ Höchstens vier Stunden – irgendjemand aus meiner Familie ist immer zu Hause.
Ⓑ Ich bin den ganzen Tag in der Schule und meine Eltern arbeiten. Ein Tier wäre also länger als fünf Stunden alleine.
Ⓒ Ich mag Tiere, die auch alleine bleiben können, z. B. Fische.
Ⓓ Es ist mir egal, ob ein Tier alleine ist oder nicht.

5. Wie wäre das Tier versorgt, wenn du mal nicht da bist (z. B. Urlaub)?

Ⓐ Ich habe einen Verwandten, Freund oder Nachbarn, bei dem das Tier in der Zeit wohnen kann.
Ⓑ Ich habe einen Verwandten, Freund oder Nachbarn, der einmal am Tag nach dem Tier schaut und das wichtigste erledigt.
Ⓒ Ein Verwandter, Freund oder Nachbar würde alle zwei bis drei Tage nach dem Tier sehen.
Ⓓ Um das Tier würde sich in der Zeit keiner kümmern.

6. Dürfen in eurer Wohnung Haustiere gehalten werden?

Ⓐ Haustiere sind in bei uns generell erlaubt.
Ⓑ Wir wohnen zur Miete, aber Hunde und Katzen sind verboten.
Ⓒ Ich möchte nur ein Kleintier haben, diese darf man in jeder Wohnung halten.
Ⓓ Mir egal, ich möchte kein Tier.

7. Manche Tiere verursachen Dreck und unangenehme Gerüche. Ist deine Familie bereit, das zu akzeptieren?

Ⓐ Ja, das ist kein Problem – wir sind alle nicht so pingelig.
Ⓑ Ja, aber nur, wenn sich der Dreck nicht in der ganzen Wohnung verteilt und schnell weggeräumt ist.
Ⓒ Eigentlich nicht, höchstens ein Aquarium würde ich sauber machen.
Ⓓ Nein – Dreck mag ich nicht!

8. Wären deine Eltern mit einem Haustier einverstanden?

Ⓐ Ja, sie haben sogar selber schon davon gesprochen.
Ⓑ Ja, aber nur wenn es ein kleines Tier ist, das wenig Arbeit macht.
Ⓒ Ja, aber nur wenn es keine Allergien auslöst.
Ⓓ Nein, meine Eltern wollen keine Tiere im Haus.

Hanna Falkenstein: Lernwerkstatt Haustiere
© Persen Verlag

Selbsttest: Welcher Haustiertyp bin ich? (2)

Auswertung:

Du hast überwiegend A angekreuzt:
Du scheinst dich sehr für Tiere zu interessieren und auch genügend Zeit für ein Tier zu haben. Gelegentlicher Dreck und unangenehme Gerüche stören dich und deine Familie nicht. Ein Hund oder eine Katze könnten geeignet sein, wenn niemand in deiner Familie Allergien gegen das Tier hat und alle Familienmitglieder mit dem neuen Bewohner einverstanden sind. Bedenke aber, dass gerade Hunde nur kurze Zeit alleine bleiben sollten. Länger als vier bis fünf Stunden sind nicht geeignet. Auch kostet ein Hund oder eine Katze Geld – nicht nur Futter oder Leckerlies sind teuer, auch Versicherungen und Hundesteuer musst du beachten. So können schon mal schnell 50 Euro oder mehr im Monat zusammenkommen. Je größer das Tier, umso teurer. Falls das Tier einmal krank wird, musst du genügend Geld gespart haben – auch ein Tierarztbesuch kann mehrere hundert Euro kosten. Bevor man ein Tier kauft, muss man sich immer gut informieren. Im Internet und in zahlreichen Büchern findest du viele Tipps für die Haltung eines Haustieres.

Du hast überwiegend B angekreuzt:
Du interessierst dich für Tiere und hättest gerne eines. Zu viel Arbeit und zu viel Dreck sollte das Tier aber nicht machen. Ein Hund wäre wohl zu zeitaufwändig – vielleicht sind Nagetiere besser für dich geeignet. Mit viel Geduld wird ein Kaninchen oder ein Hamster sogar zahm und lässt sich streicheln – Kuscheltiere sind diese Tiere aber nicht! Natürlich müssen alle Mitglieder deiner Familie damit einverstanden sein – auch allergisch darf niemand auf die Tierhaare und die Einstreu (wie Heu) reagieren. Bedenke, dass manche Nager niemals alleine gehalten werden sollten. Mäuse, Meerschweinchen oder Kaninchen sind Gruppentiere, die alleine schnell traurig werden. Hamster hingegen darf man nur alleine halten. Auch die Kosten, die Nagetiere verursachen, sind ganz unterschiedlich. Ein Hamster kostet etwa 10 Euro im Monat, für zwei Meerschweinchen können schnell 50 Euro zusammenkommen. Bist du oder sind deine Eltern bereit dafür? Informiert euch gut vor der Anschaffung, dann steht einem Haustier eigentlich nichts im Weg.

Du hast überwiegend C angekreuzt:
Du beobachtest Tiere lieber, als dass du dich intensiv mit ihnen beschäftigst. Vielleicht hast du aber auch eine Tierhaarallergie und kannst deswegen kein Tier mit Fell haben. Vielleicht wären ja Fische für dich interessant? Diese benötigen nicht so viel Pflege und Aufmerksamkeit wie Hunde, Katzen oder Hamster und verursachen keine Allergien. Je nach Größe des Aquariums muss das Wasser drei bis vier Mal im Monat gewechselt werden, täglich oder alle zwei Tage müssen die Fische gefüttert werden. Auch einen Urlaub überstehen sie gut mit speziellen Futtertabletten oder -automaten. Wichtig ist, dass du dich vorher gut über Fische informierst. Nicht alle Arten passen zueinander. Auch muss das Aquarium „bereit" für die Fische sein. Man darf sie nicht in das neu eingerichtete Becken setzen, sondern muss sich etwa vier Wochen gedulden, bis das Ökosystem stabil ist.

Du hast überwiegend D angekreuzt:
Du scheinst kein großes Interesse an Tieren zu haben. Das ist auch völlig in Ordnung. Es ist besser, zu wissen, dass man kein Tier möchte, als wenn man sich, ohne zu überlegen, eines kauft und sich nicht darum kümmert. Wenn du dich doch irgendwann für ein Haustier interessiert, denke daran, dich vorher gründlich zu informieren, welches Tier für dich geeignet sein kann.

© Persen Verlag

Lösungen

Chaos in der Tierhandlung (2) (Seite 17)

❶

Hunde	Katzen	Mäuse	Spin-nen	Schild-kröten	Fische	Vögel
4	3	6	2	1	10	7

❷ Eine Maus sitzt auf einer Schildkröte.
Links klettert eine Maus ein Regal hoch.
Aus dem Aquarium springt ein Fisch heraus.
Hinter der Kasse ist ein Korb mit einem Hasen.

Was gehört zu welchem Tier? (Seite 19)

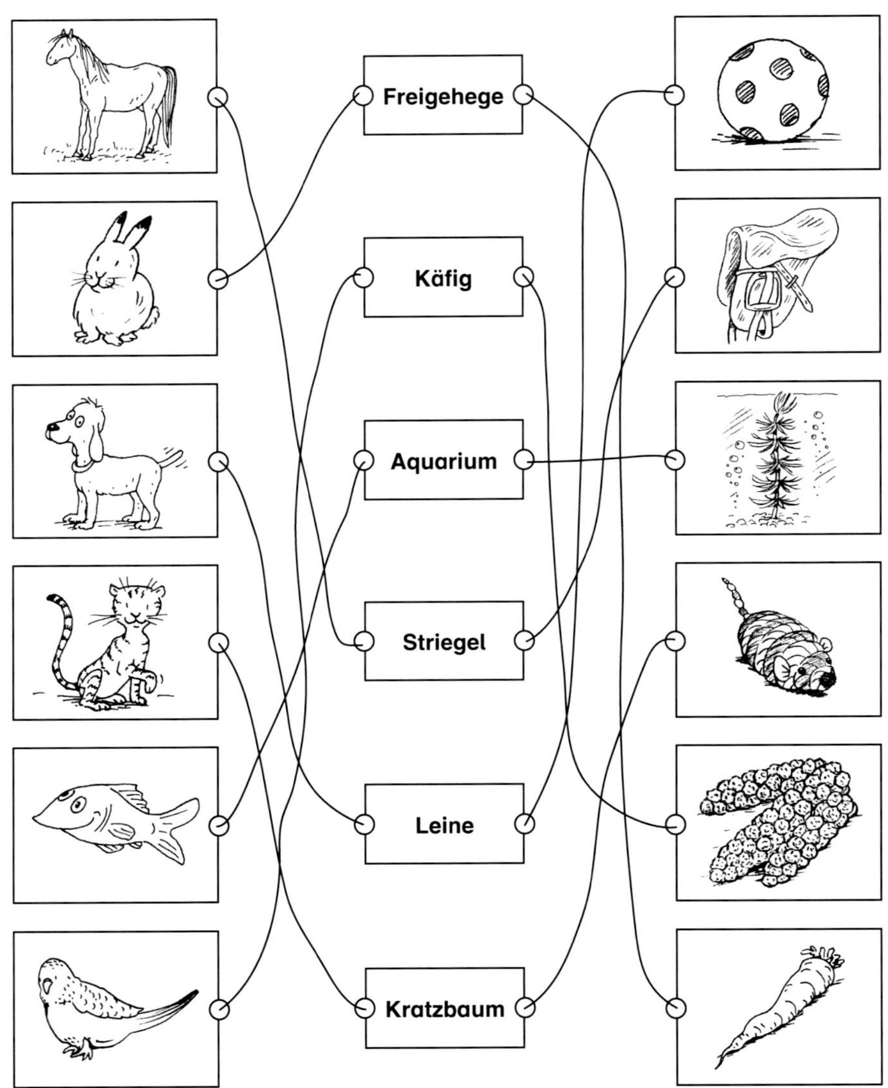

© Persen Verlag

Lösungen

Haustier-Logical (Seite 21)

Haustier-Kreuzworträtsel (Seite 22)

Haustier-Suchsel (Seite 23)

R	Y	J	U	F	S	F	C	N	M	M	Q	Y	X	H	T	M	P
D	G	K	A	U	K	N	O	C	H	E	N	D	K	A	T	Z	E
D	Q	I	U	Y	B	S	K	D	P	I	T	J	H	U	X	K	H
O	H	F	J	O	T	I	E	R	A	R	Z	T	A	K	V	V	E
H	K	U	W	H	V	V	G	K	X	X	N	P	S	O	K	X	J
A	M	T	K	K	T	Z	T	K	K	Ä	F	I	G	R	A	J	C
L	S	T	P	Z	J	N	E	W	R	L	I	G	C	P	N	Z	J
S	W	E	L	L	L	C	R	Q	L	E	I	N	E	P	I	L	K
B	L	R	N	K	C	Q	R	O	B	Z	X	W	C	N	N	M	B
A	W	S	C	R	N	N	A	T	Z	G	D	Y	P	H	C	L	S
N	Z	C	V	A	T	I	R	W	X	A	U	M	M	R	H	C	T
D	C	H	Q	T	S	I	I	X	D	Q	X	H	J	A	E	G	A
U	N	Ü	P	Z	I	W	U	T	Y	U	S	A	S	O	N	R	L
H	S	S	P	B	L	T	M	L	K	A	O	M	U	W	K	H	L
U	H	S	N	A	V	K	D	C	J	R	F	S	O	F	V	K	B
N	D	E	H	U	I	D	M	L	N	I	Y	T	X	K	T	U	G
D	H	L	R	M	U	E	E	Y	R	U	P	E	Y	M	A	U	S
V	X	S	B	V	L	K	R	V	Q	M	Y	R	O	A	E	H	B

© Persen Verlag

Lösungen

Herr Grumbel sucht seinen Hund (Seite 24)

❶ Hund „Franz“ vermisst! – 50 Euro Belohnung

Ich besitze Franz schon, seit er ein kleiner Welpe und erst 8 Wochen alt war. Jetzt ist er 5 Jahre alt. Franz ist ein mittelgroßer Mischlings-Hund, hat weißes, wuscheliges Fell und süße Schlappöhrchen. Er ist sehr zutraulich und verschmust. Am liebsten isst er Käse, und er ist gut erzogen. Mit dem Hund vom Nachbarn spielt er gerne, aber Katzen mag er überhaupt nicht. Wenn er nicht gerade spielen will, schläft er fast den ganzen Tag. Anfang Januar ist dann das Schreckliche passiert. Am 5. Januar verschwand mein geliebtes Hundchen Franz spurlos aus meinem Garten im Nelkenweg 4. Seitdem habe ich überall nach ihm gesucht – leider ohne Erfolg. Er trug ein blaues Halsband. Franz hört auf seinen Namen, bellt aber sehr, wenn er angeleint wird. Er gehört schon richtig zur Familie und ich bin sehr traurig, dass er weg ist. Hoffentlich kann mir jemand helfen. Wer hat Franz gesehen oder vielleicht mitgenommen?

Bitte alle Hinweise an: 3421 (Herbert Grumbel)

❶ Lösungsvorschlag:

Hund „Franz“ vermisst! – 50 Euro Belohnung

Alter: fünf Jahre

Aussehen:
- mittelgroßer Mischlings-Hund mit weißem wuscheligen Fell und Schlappöhrchen
- trägt ein blaues Halsband

Franz hört auf seinen Namen. Er ist sehr zutraulich, bellt jedoch, wenn er angeleint wird.

Hinweise bitte an Herbert Grumbel, Nelkenweg 4, Telefon: 3421

Vielen Dank!

Spenden für Mimmi (Seite 25)

Tierheim freut sich über Spenden

Moosbach. Die Mädchen und Jungen einer 3. Klasse der Waldpfadschule aus Moosbach brachten vergangenen Donnerstag Futterspenden und viel Nützliches zum Tierheim „Mäuseburg“. Auch Geld wurde gespendet und insgesamt sind 120 Euro bei dieser Spendenaktion zusammengekommen.
Nach einem Tierheimbesuch hatten die Kinder gemeinsam mit zwei Lehrerinnen eine Spendenaktion gestartet. Dabei stand vor allem die Hündin „Mimmi“ im Mittelpunkt, für die Geld für eine bevorstehende Tierarztbehandlung gesammelt werden soll.
Gerhard Müller, Leiter des Tierheims, freute sich sehr über die Geschenke wie Katzen- und Hundefutter, Kuscheldecken, Kauknochen, Fischfutter und sogar zwei Säcke Heu. Jede Spende sei willkommen, versicherte er.
Für 23 Hunde, 17 Katzen, 12 Kaninchen, 3 Meerschweinchen, 24 Mäuse und sogar 41 Fische und 2 Schildkröten ist das Tierheim ihr derzeitiges Zuhause. Alle warten auf eine gute Vermittlung, und auch Mimmi soll nach ihrer Behandlung einen neuen Platz in einer Familie finden.
Wer möchte, kann immer montags bis donnerstags von 14 bis 17.30 Uhr ins Tierheim kommen, um sich zu informieren, sich umzuschauen, zu spenden oder mitzuhelfen.

© Persen Verlag

Lösungen

1. Das Tierheim heißt „Mäuseburg".
2. Gerhard Müller ist der Leiter des Tierheims.
3. Das Tierheim ist montags bis donnerstags von 14 bis 17.30 Uhr für Besucher geöffnet.
4. Derzeit leben Hunde, Katzen, Kaninchen, Meerschweinchen, Mäuse, Fische und Schildkröten im Tierheim.
5. Die Kinder haben 120 Euro gesammelt.
6. Als Sachspenden wurden Katzen- und Hundefutter, Kuscheldecken, Kauknochen, Fischfutter und zwei Säcke Heu im Tierheim abgegeben.

Waldi von Grünhausen (Seite 26)

Waldi ist ein
- ☐ Schäferhund.
- ☐ Mischling.
- ☒ Dackel.

Wald sieht aus wie eine Wurst.
Er hat
- ☐ kurze Beine und einen buschigen Schwanz.
- ☒ kurze Beine und einen dünnen Schwanz.
- ☐ krumme Beine und einen kurzen Schwanz.

In Frau Petersens Wohnung sieht Paula
- ☒ ein Gemälde von Waldi.
- ☐ ein Foto von Waldis Vorfahren.
- ☐ ein Bild von Herrn Petersen.

Ein Rassehund
- ☐ kommt immer aus dem Ausland.
- ☒ hat immer eine bestimmte Größe, Farbe und Felllänge.
- ☐ muss jeden Tag Wurst essen.

Paula mag Waldi, aber eigentlich findet sie Rassehunde
- ☐ lustig.
- ☒ langweilig.
- ☐ süß.

Paula geht mit Waldi
- ☐ zu einer Ausstellung.
- ☐ in den Garten.
- ☒ zum Park.

Der Dachshund und die Farbmaus (Seite 28)

Lösungsvorschläge:

Name des Tieres: Goldhamster
Beschreibung: Goldhamster sind sehr beliebte Haustiere. Sie stammen ursprünglich aus Syrien und es gibt sie in unterschiedlichsten Fellfarben. Wie andere Hamster auch sind sie nachtaktiv, daher werden sie meist erst gegen 21 Uhr wach. Goldhamster sind keine Kuscheltiere, sondern eher zum Beobachten geeignet.

Name des Tieres: Bratpfannenwels
Beschreibung: Der Bratpfannenwels ist eine besondere Fischart. Er stammt ursprünglich aus dem Amazonas. Man kann ihn im Aquarium in Gruppen von mindestens fünf Fischen halten. Er versteckt sich gerne und kann sich wochenlang im Sandboden vom Aquarium eingraben.

Name des Tieres: Affenpinscher
Beschreibung: Beim Affenpinscher handelt es sich um eine spezielle Hunderasse, die ursprünglich für die Ratten- und Mäusejagd gezüchtet wurde. Der Name Affenpinscher kommt daher, dass sein Gesichtsausdruck affenartig aussieht. Er gilt als verspielter, gut verträglicher Familienhund.

Lösungen

Name des Tieres: Schmuckhornfrosch
Der Schmuckhornfrosch stammt ursprünglich aus Südamerika. Er hat eine kugelrunde Form und ein riesiges Maul, mit dem er Würmer, Fische, Insekten und sogar Nagetiere fängt.
Durch seine grün-braune Färbung kann er sich sehr gut tarnen. Mit relativ wenig Aufwand kann er in einem Terrarium gehalten werden.

Haustier-Wörter (Seite 31)

Nomen: Maus, Leine, Käfig, Aquarium, Katze, Krallen, Fell

Verben: füttern, trinken, fotografieren, klettern, bellen streicheln

Adjektive: gefährlich, wild, süß, groß, laut, bunt, schnell, scheu

Extra:

Nomen: Fleischfresser, Vegetarier

Verben: beobachten, dressieren

Adjektive: hungrig, schwer

Frau Spinnenbein hat viel zu tun (Seite 32)

Sie fegt die Tierhandlung mit einem (Eimer.) [Besen] Ein Meerschweinchen ist krank. Frau Spinnenbein ruft den (Zahnarzt) [Tierarzt] an. Sie beobachtet, wie der Hamster im (Aquarium) [Käfig] klettert. Frau Spinnenbein geht Gassi mit den (Mäusen.) [Hunden] Bei den Fischen wechselt sie das (Stroh) [Wasser] im Aquarium. Oje, sie hat den Käfig aufgelassen und alle Vögel sind (hinausgerannt!) [hinausgeflogen] Wenn ein Kunde Fragen hat, weiß Frau Spinnenbaum auf alles eine (Frage.) [Antwort] Sie räumt das Futter und das Tier-Zubehör in die Regale (aus.) [ein]

Puzzlerechnungen (Seite 33)

1
a) 7 + 8 = **15**
b) 5 + 15 = **20**
c) 6 + 4 = **10**
d) 18 – 3 = **15**
e) 14 – 4 = **10**
f) 9 + 9 = **18**
g) 5 + 10 = **15**
h) 8 + 8 = **16**
i) 10 + 8 = **18**
j) 9 + 7 = **16**
k) 20 – 0 = **20**
l) 20 – 2 = **18**
m) 12 – 2 = **10**
n) 16 – 1 = **15**
o) 17 – 1 = **16**
p) 10 + 10 = **20**
q) 3 + 7 = **10**
r) 50 – 35 = **15**
s) 20 – 4 = **16**
t) 6 + 9 = **15**

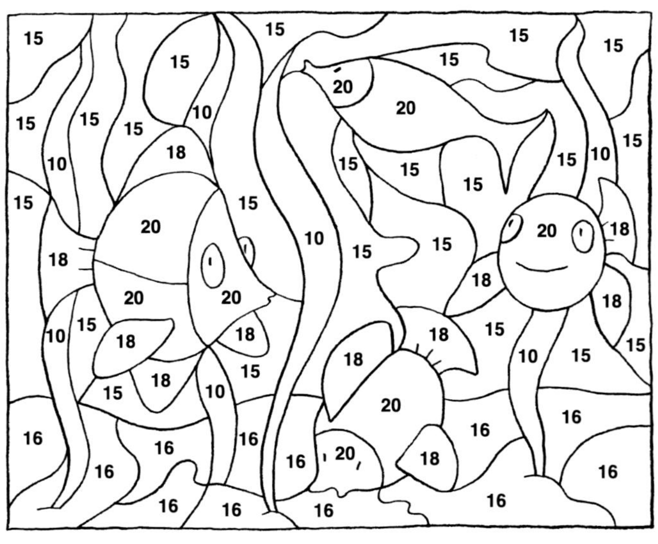

Hanna Falkenstein: Lernwerkstatt Haustiere
© Persen Verlag

Lösungen

Rechengeschichten (Seite 34)

❶ Rechnung: 2,90 · 7 = 20,30
Antwort: Herr Mulder gibt jede Woche 20,30 Euro aus.

❷ Rechnung: 43 + 36 + 2 + 7 + 13 + 25 + 3 + 8 + 18 + 3 + 1 + 5 = 164
Antwort: Es leben insgesamt 164 Tiere im Tierheim.

❸ Rechnung: 2 + 1 + 1 = 5
Antwort: Herr Krautwinkel und Brutus sind täglich 5 Stunden unterwegs.

❹ Rechnung: 255 : 50 = 5,1
Antwort: Die Packung reicht für etwa 5 Tage.

Extra-Aufgaben

zu ❶: Rechnung: 2,90 · 31 = 89,90; 2,90 · 28 = 81,20; 2,90 · 30 = 87
Antwort: Er gibt im Januar 89,90 Euro, im Februar 81,20 Euro und im April 87 Euro für Hundefutter aus.

zu ❷: Rechnung: 172 + 144 + 8 + 28 + 52 + 100 + 12 + 16 + 8 + 20 = 560
Antwort: Er zählt insgesamt 560 Beine im Tierheim.

zu ❸: Rechnung: 23 Uhr bis 8 Uhr = 9 Stunden
Antwort: Brutus muss nachts 9 Stunden warten, bis er wieder Gassi gehen darf.

zu ❹: Rechnung: 50 · 31 = 1 550;
1 550 : 255 = 6,08 (gerundet)
Antwort: In einem Monat braucht Teresa etwa 6 Futterpackungen.

Häschen auf dem Zahlenstrahl (Seite 35)

❶

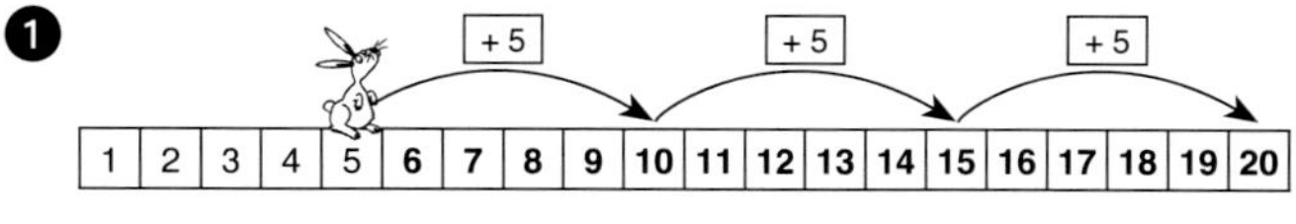

❷

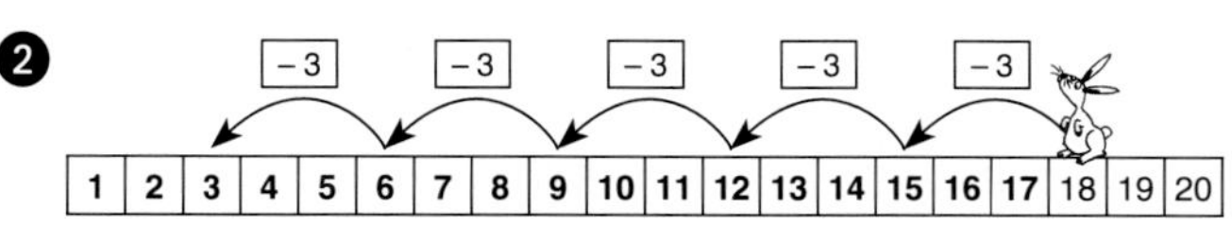

❸

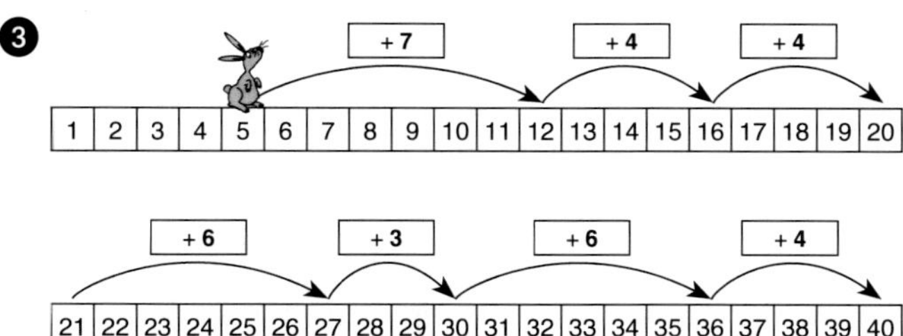

❹

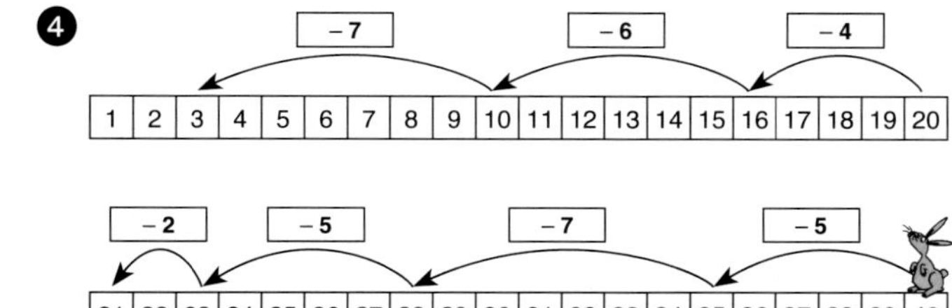

© Persen Verlag

Lösungen

Hamster-Labyrinth (Seite 36)

Wann gehen wir endlich Gassi? (Seite 37)

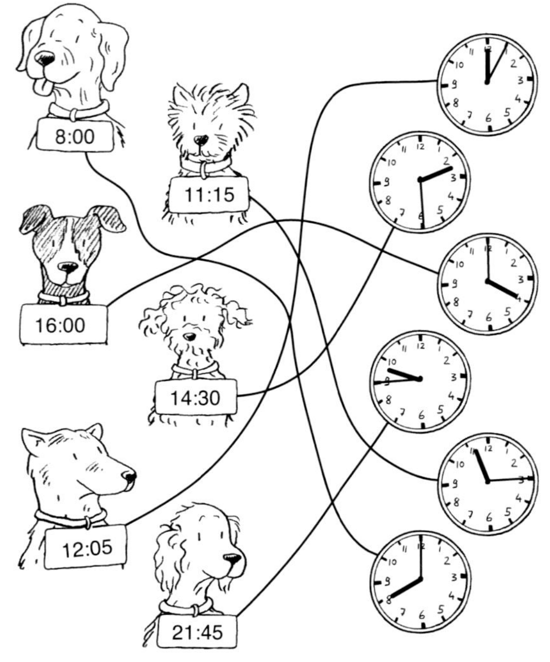

Wo sitzen Schildi und ihre Freunde? (Seite 38)

1	2	3	4	5	6	7	8	9	10
11	12	13	14	15	16	17	18	19	20

				5					10
	12			15	16				20
		23		25					30
				35	36				40
41				45			48		50

Die Geschichte unserer Haustiere (2) (Seite 39)

1
a) Haustiere leben mit uns Menschen zusammen und werden von uns versorgt und gepflegt.
Wildtiere hingegen leben in der Natur und sorgen für sich selbst.
b) „Domestizieren" bedeutet, dass man ein wildes Tier über lange Zeit an einen Menschen gewöhnt und an die Zwecke des Menschen anpasst.
c) Dadurch wollte man vor allem das Leben der Menschen erleichtern.
d) Pferd – Transportmöglichkeit;
Schwein – Fleischlieferant;
Hund – Bewachen von Haus und Hof
e) Heute leisten uns Haustiere Gesellschaft in unserer Freizeit und sind oft richtige Familienmitglieder.

2

Wildtiere	Nutztiere	Haustiere
Wolf	Schwein	Katze
Hirsch	Kuh	Meerschweinchen
Tiger	Schaf	Hund

Hanna Falkenstein: Lernwerkstatt Haustiere
© Persen Verlag

Lösungen

Kennst du uns? (Seite 41)

Mein Name ist Meerschweinchen	Mein Name ist Vogelspinne	Mein Name ist Papagei
Ich komme aus **Südamerika**	Ich komme aus **Afrika/Südamerika**	Ich komme aus **Südamerika/Australien**
Mein Name ist Bartagame	Mein Name ist Achatschnecke	Mein Name ist Rennmaus
Ich komme aus **Australien**	Ich komme aus **Afrika**	Ich komme aus **Afrika/Asien**

Kleine Tier-Experten – Zeichnungen (Seite 48–50)

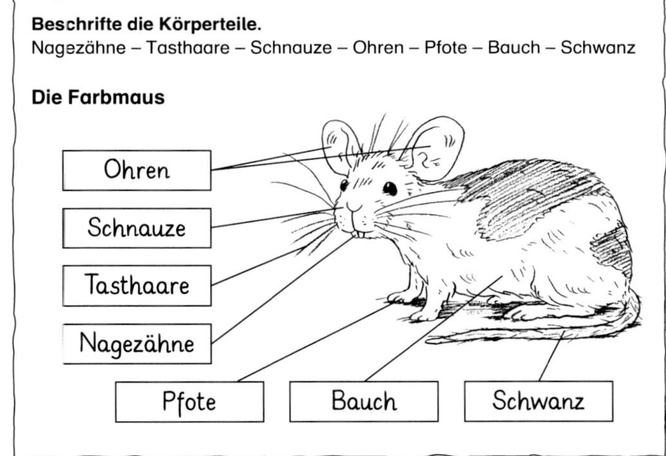

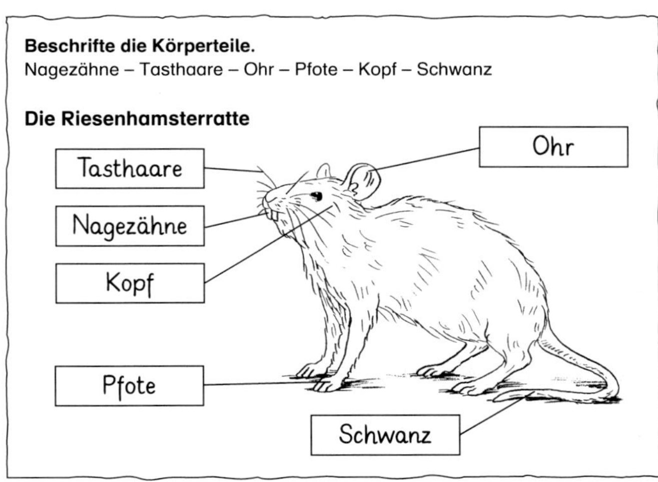

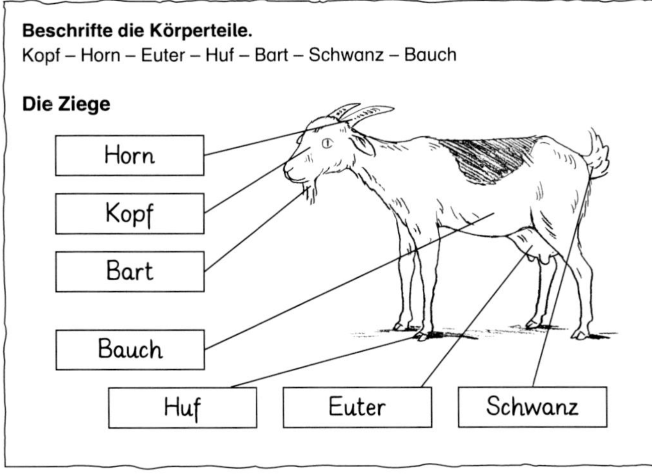

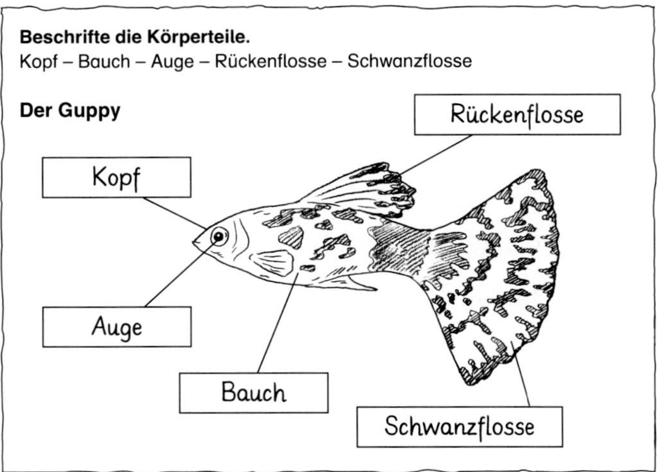

Lösungen

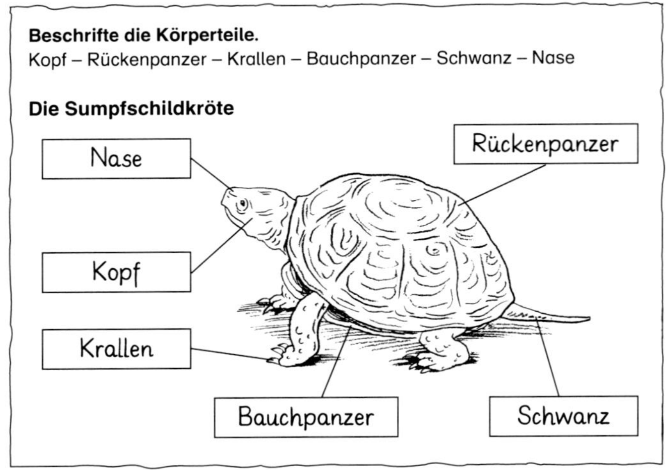

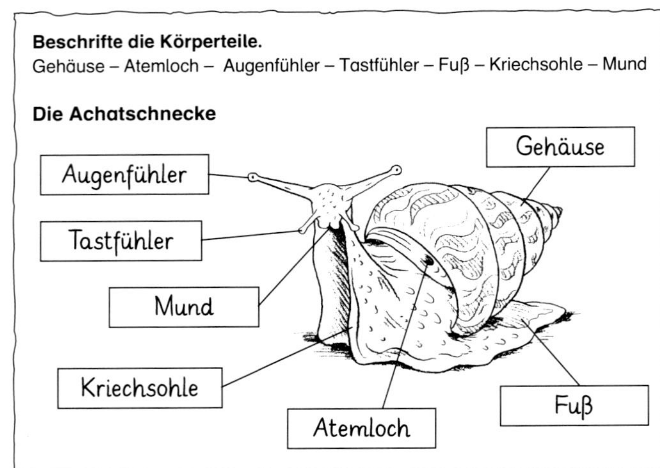

Lilli hat Kätzchen! (Seite 53)

a) Man nennt es „trächtig", wenn Katzen schwanger sind.

b) Die Jungen sind anfangs hilflos, weil sie erst nach einigen Tagen sehen können.

c) Die Mutterkatze putzt die Jungen mehrmals täglich mit ihrer Zunge. Außerdem säugt und beschützt sie ihre Jungen.

d) Wenn die Katzen etwas älter sind, lernen sie das Springen, Jagen und den Gebrauch ihrer Krallen.

Haltung von Haustieren (Seite 55)

Fisch, Kaninchen, Katze, Hund, Maus

Das Tierorchester (Seite 62)

Lösungsvorschlag:

Die Blockflöte klingt wie ein(e) Katze, Hund.

Die Querflöte klingt wie ein(e) Vogel, Schmetterling oder Libelle.

Die Oboe klingt wie ein(e) Ente oder Ziege.

Das Schlagzeug klingt wie ein(e) Elefant oder Pferd.

Das Xylophon klingt wie ein(e) Löwe, Bär oder Hund.

Die Geige klingt wie ein(e) Spinne oder Katze.

Das Klavier klingt wie ein(e) Maus oder Spinne.

Die Trompete klingt wie ein(e) Elefant oder Frosch.

Die Gitarre klingt wie ein(e) Katze, Schmetterling.

Die Triangel klingt wie ein(e) Libelle, Schmetterling oder Glühwürmchen.

Hanna Falkenstein: Lernwerkstatt Haustiere
© Persen Verlag

Lösungen

Our pets (Seite 64)

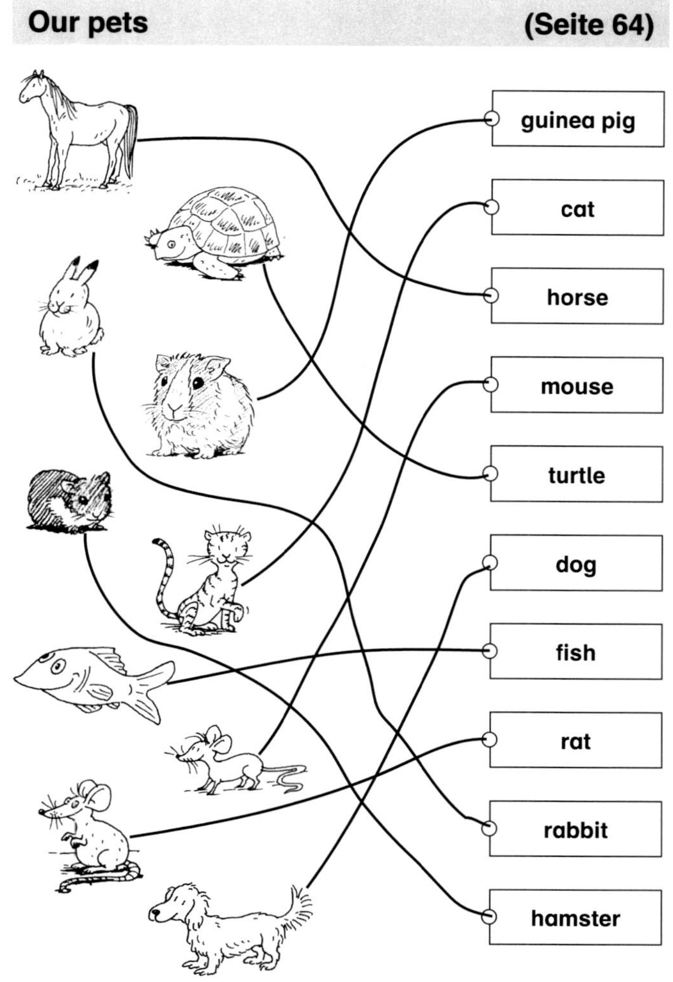

Der Welpe ist da! (Seite 69–70)

Regeln für die ersten Tage mit dem Welpen

Bevor man den Hund abholt, muss die Wohnung **welpensicher** (21 11 3 7 11 2 1 15 16 9 11 14) gemacht werden: Elektrische **Kabel** (12 20 13 11 3), giftige **Pflanzen** (7 18 3 20 2 22 11 2) und andere Haustiere (z. B. Hamster) sollten außer **Reichweite** (14 11 15 16 9 21 11 15 8 11) des Welpen gebracht werden. Rechne damit, dass der Hund Möbel und sonstige Gegenstände **anknabbert** (20 2 12 2 20 13 13 11 14 8).

Die neue **Umgebung** (19 17 5 11 13 19 2 5) ist für den Hund ungewohnt. Er ist von seinem **Rudel** (14 19 6 11 3) getrennt und hat deshalb vielleicht Angst.

Gib dem Hund Zeit, sich einzugewöhnen. Er möchte nicht ständig **gestreichelt** (5 11 1 8 14 11 15 16 9 11 3 8) und angesprochen werden. Natürlich möchte jeder das neue Familienmitglied kennenlernen. Aber gerade in den ersten Tagen braucht der Welpe seine **Ruhe** (14 19 9 11) und sollte von **Stress** (1 8 14 11 1 1) ferngehalten werden.

Also, auch wenn es schwerfällt, **Besuche** (13 11 1 19 16 9 11) von Verwandten und Freunden in der Anfangszeit vermeiden!

Keine Panik, falls der Hund nur wenig essen mag. Das ist gerade in den ersten Tagen **normal** (2 10 14 17 20 3). Erwachsene Hunde können problemlos sogar mehrere Tage völlig ohne **Nahrung** (2 20 9 14 19 2 5) überstehen.

Die meisten Hundewelpen sind anfangs nicht **stubenrein** (1 8 19 13 11 2 14 11 15 2).

Statt den Hund in der **Wohnung** (21 10 9 2 19 2 5) sein „Geschäft“ auf Zeitungspapier oder in ein **Hundeklo** (9 19 2 6 11 12 3 10) machen zu lassen, sollte man von **Beginn** (13 11 5 15 2 2) an mit ihm nach draußen gehen, wenn er muss. Man erkennt dies meist daran, sobald er anfängt ganz **aufgeregt** (20 19 18 5 11 14 11 5 8) an einer Stelle zu schnüffeln. Du musst also den **Hund** (9 19 2 6) genau **beobachten** (13 11 10 13 20 16 9 8 11 2) und immer bereit sein, schnell mit ihm nach draußen gehen zu können. Und wenn es doch einmal passiert, dass er in die Wohnung macht – nicht mit dem Hund **schimpfen** (1 16 9 15 17 7 18 11 2)!

Wenn der Kleine schläft, solltest du ihn nicht **wecken** (21 11 16 12 11 2). Das bedeutet für den Welpen viel Stress. Junge Hunde benötigen übrigens etwa 20 Stunden **Schlaf** (1 16 9 3 20 18) am Tag!

Mit Haustieren richtig umgehen (Seite 72)

❶ Der kleine Hund möchte keine Kleidung tragen und nicht ständig von seinem Frauchen herumgetragen werden. Er mag es nicht, mit Schampoo gewaschen zu werden. Ihm ist meistens sehr langweilig und er würde viel lieber mit seinem Frauchen spielen.
Der Hamster fühlt sich in seinem zu kleinen Käfig nicht wohl. Er beklagt sich über die schlechte Einrichtung seines Käfigs. Die Kinder gehen sehr grob mit ihm um und wecken ihn, auch wenn er noch schläft.

© Persen Verlag

Lösungen

❷ Lösungsvorschlag

1. Informiere dich genau, was ein Haustier braucht, bevor du dir es dir anschaffst.
2. Überlege dir im Vorfeld, welches Tier zu dir passen könnte. Ein Hund ist nichts für dich, wenn du nur wenig Zeit hast.
3. Denke daran, dass ein Haustier Geld kostet. Spare nicht am falschen Ende, indem du zu kleine Käfige oder zu kleine Aquarien kaufst.
4. Sorge dafür, dass sich dein Haustier in seiner Umgebung wohlfühlen kann und es artgerecht untergebracht ist.
5. Gehe mit Kleintieren besonders vorsichtig um. Beim Streicheln und Spielen darfst du nicht zu grob sein.
6. Achte bei bestimmten Tierarten auf besondere Ruhezeiten. Hamster sind z. B. nachtaktiv.
7. Behandele dein Haustier nicht wie einen Menschen. Modische Kleidung bei Hunden und Katzen sind völlig überflüssig. Hunde müssen nicht gebadet werden.
8. Sorge für sinnvolle Beschäftigung. Hunde mögen Wurf- und Suchspiele besonders gern. Hamster brauchen Kletter- und Versteckmöglichkeiten.
9. Sei geduldig, wenn du einen jungen Hund hast. Er muss bestimmte Verhaltensweisen erst einmal lernen. Belohne ihn, anstatt ihn zu bestrafen.
10. Achte immer darauf, dass deine Tiere gut versorgt sind, auch wenn du einmal längere Zeit nicht da sein solltest.

© Persen Verlag

Text- und Bildverzeichnis

Fotos

Seite 24: **Hund** © Michael Rieke, Berlin

Seite 28: **Dachshund** © Vincent – Fotolia.com
Farbmaus © Ervin Monn – Fotolia.com
Hauskatze auf Kratzbaum © absolutimages – Fotolia.com
Vogelspinne © CraigBurrows – Fotolia.com

Seite 39: **Wolf** © lanau – Fotolia.com
Bewachhund © Mikkel Bigandt – Fotolia.com
Hund © ueuaphoto – Fotolia.com

Seite 41: **Papagei** © Eric Isselée – Fotolia.com
Vogelspinne © CraigBurrows- Fotolia.com
Meerschweinchen © productivity – Fotolia.com
Kriechtier © dankos – Fotolia.com
Schnecke © Werner Fellner – Fotolia.com
Wüstenmaus © pit24 – Fotolia.com

Seite 42: **Chinesischer Feuerbachmolch** © Gerd Wilke, Oldenburg

Seite 52: **Schülerarbeit** © Gerd Wilke, Oldenburg

Seite 53: **Katzenmama mit vier Jungen** © Andrey Kuzmin – Colourbox

Seite 57–60: **Bastelfotos** © Gerd Wilke, Oldenburg

Seite 71: **Hamster** © ots-photo – Fotolia.com
Hund/Chihuahua © lilu13 – Fotolia.com

Seite 73: **Hund/Tierheim** © Martin Hahn – Fotolia.com

Texte/Lieder

Seite 63: **Sophie, die hat 'nen Hamster**
Text und Musik © Ralf Beitzinger